土地资源管理的系统性探析

安卫国　梁　谋　周龙君　著

中国原子能出版社

China Atomic Energy Press

图书在版编目（CIP）数据

土地资源管理的系统性探析 / 安卫国，梁谋，周龙君著. —北京：中国原子能出版社，2023.4

ISBN 978-7-5221-2667-8

Ⅰ．①土…　Ⅱ．①安…②梁…③周…　Ⅲ．①土地资源–资源管理–研究　Ⅳ．①F301.2

中国国家版本馆 CIP 数据核字（2023）第 072380 号

土地资源管理的系统性探析

出版发行	中国原子能出版社（北京市海淀区阜成路 43 号　100048）	
责任编辑	王　蕾	
责任印制	赵　明	
印　　刷	北京天恒嘉业印刷有限公司	
经　　销	全国新华书店	
开　　本	787 mm×1092 mm　1/16	
印　　张	11.5	
字　　数	207 千字	
版　　次	2023 年 4 月第 1 版　2023 年 4 月第 1 次印刷	
书　　号	ISBN 978-7-5221-2667-8	定　价　**72.00** 元

前　言

　　土地是宝贵的自然资源，是人类生存和发展不可或缺的生产资料。我国正处于发展建设的重要时期，土地对我国而言是国民经济建设所需物质财富的重要来源，也是国民经济建设布局的重要载体。我国国土面积辽阔，土地资源丰富，但人口众多，人均资源相对不足，这一基本国情长期存在。尤其是随着我国社会主义现代化建设的不断加快和城镇化进程的快速推进，对土地资源的需求越来越大，在今后一个较长的历史时期内，土地资源需求量大和供应相对不足的矛盾将进一步加剧。在这一背景下，如果不能科学合理地管理好土地资源，将会对我国国民经济的增长与社会的发展造成严重制约。对此，我们要树立和落实科学、可持续发展观，高度重视土地资源管理，不断增强土地资源对社会经济发展的保障能力，坚持保护和合理利用土地资源的方针，正确处理好经济发展与资源保护的关系，切实管好、用好土地资源。为了适应这一形势和需要，作者在查阅大量相关著作文献的基础上精心撰写了本书。

　　本书共七章，第一章是绪论，主要对土地与土地资源的基本理论进行阐述与分析，以基本认识和了解我国土地土地资源的基本情况，并具体到对海南省土地资源的规范管理的介绍。第二章是土地产权管理，加强对土地产权的管理，能够缓解当前我国耕地减少、粮食安全危机、土地供需矛盾等现状。第三章是土地地籍管理，地籍管理是土地管理的基础，做好这方面的管理工作能够为其他管理奠定良好的基础。第四章是土地利用管理，通过土地利用管理以提高土地资源的开发利用效率，并保护土地生态环境，实现可持续发展。第五章是土地市场管理，旨在规范土地市场交易行为，促进土地市场的科学、高效运作，提升土地的经济效益。第六章是土地规划管理，做好资源规划是提高资源利用效率的基础与前提，因此必须加强对土地规划的管理，促进土地资源的优化配置和有效利用。第七章是土地信息管理，土地信息是开展一系列土地管理工作的重要参考依据，加强土地管理信息化建设，尤其是国土资源信息，能够为土地管理工作的有序开展提供便利。

本书以树立和落实科学发展观为统揽，立足土地资源管理关系国计民生的现实意义，全面、系统地探析了土地各要素的管理，内容紧密结合土地资源管理工作的实际，全面反映了新形势下土地资源管理的新要求。全书力求做到理论研究丰富且深入，并以海南省为例进行了实践探索与实证分析，集理论研究和实践探索于一体，具有很强的时代感和实用性。希望本书能够为土地管理部门和广大基层土地管理工作者开展工作提供参考，从而改善我国土地资源管理效果，提高管理成效和质量。

全书由安卫国、梁谋、周龙君撰写，具体分工如下：

第三章、第六章、第七章由安卫国撰写；

第一章、第二章由梁谋撰写；

第四章、第五章由周龙君撰写。

本书由安卫国负责统稿，在撰写过程中，借鉴了许多专家、学者的研究成果和观点，在此表示诚挚的谢意。另外，由于时间和精力有限，书中难免有不妥之处，敬请读者谅解并指正。

作　者
2023 年 2 月

目　录

第一章　绪论……………………………………………………1

　　第一节　土地及土地资源的内涵……………………………1

　　第二节　我国的土地资源及其特征…………………………11

　　第三节　土地管理的内涵……………………………………14

　　第四节　我国土地资源管理的规律与展望…………………19

　　第五节　海南省土地资源的规范管理………………………22

第二章　土地产权管理研究……………………………………27

　　第一节　土地产权与土地制度………………………………27

　　第二节　土地所有权管理研究………………………………33

　　第三节　土地使用权管理研究………………………………36

　　第四节　土地产权违法行为的处理研究……………………44

第三章　土地地籍管理研究……………………………………48

　　第一节　土地地籍管理的内涵………………………………48

　　第二节　土地调查研究………………………………………52

　　第三节　地籍调查研究………………………………………63

　　第四节　土地登记研究………………………………………65

　　第五节　地籍档案管理研究…………………………………68

　　第六节　地籍信息系统研究…………………………………71

第四章　土地利用管理研究……………………………………74

　　第一节　土地利用管理的内涵………………………………74

第二节　土地利用的分类管理研究 ……………………………… 76

第三节　建设用地的管理研究……………………………………… 82

第四节　土地利用生态保护管理研究 …………………………… 88

第五节　土地利用监测研究 ……………………………………… 92

第六节　海南省土地资源可持续利用研究 ……………………… 98

第五章　土地市场管理研究 ……………………………… 103

第一节　土地市场的内涵…………………………………………… 103

第二节　土地市场的运作条件与机制研究 …………………… 106

第三节　土地市场的价格管理研究 …………………………… 114

第四节　土地市场的税收管理研究 …………………………… 119

第六章　土地规划管理研究 ……………………………… 123

第一节　土地规划的基本内涵……………………………………… 123

第二节　土地规划的编制研究 ………………………………… 139

第三节　土地规划的相关管理研究 …………………………… 151

第七章　土地信息管理研究 ……………………………… 157

第一节　土地信息管理的内涵……………………………………… 157

第二节　土地信息系统…………………………………………… 159

第三节　我国土地管理的信息化建设研究 …………………… 170

参考文献 …………………………………………………… 176

第一章
绪　论

　　人类的生存与社会的发展都离不开土地，对人类而言，土地的重要性是不言而喻的，有句古语可以形象地概括土地在人类社会中举足轻重的作用和不可或缺的地位，即"皮之不存，毛将焉附"。人类社会中土地资源极其宝贵，但它十分稀缺，所以必须高度重视对土地资源的管理、利用和保护。在土地资源管理研究中，首先要从客观上、根本上认识土地资源的含义和基本情况，了解土地资源管理的基本理论，然后从实际出发，基于科学理论探讨如何管理土地资源。本章主要对土地资源的基本知识、我国土地资源的基本情况及土地资源管理的一般理论进行阐述与分析。

第一节　土地及土地资源的内涵

一、土地的内涵

（一）土地的含义

　　人们对土地含义的理解是随着经济社会发展进程而不断发展的，是在科技进步的过程中人们对土地意义的认识和理解逐步加深而不断深化的。

　　早期，人类土地利用的最主要形式就是生产食物，这是人类对人地关系最初的认识阶段。此阶段，人们对土地的认识往往局限于地球表层具有肥力的部分。因此，较早的土地概念等同于现在人们所理解的土壤概念。更进一步的看法是，土地是陆地的表层，是地球表面区别于海洋的部分，或不为海水所覆没的部分。其中又有两种看法：一种是"纯粹的"陆地；另一种则把江河、湖泊、水库等一切内陆水面包括在土地的范围之内。一般人理解的土地，通常是指地球表面的陆地部分，而不包括内陆水面。由于人类只能生存在陆地上，陆地的利用远比水面更充分与得心应手，一旦积水排去，水面即成为陆地，因此内陆水面仅是土地表现形式的改变，应包含在土地概念之中。再进一步发展，人们认识到土地是一个自然整体。

经济学家给出了范围更为广泛的土地概念。经济学家将一切种类的自然资源简称为土地——包括一切自然物质与自然力。经济学家对土地的理解侧重于大自然所赋予的东西，将土地视为自然资源和自然力的代名词。因此，威廉·配第说："劳动是财富之父，土地是财富之母。"[①]英国经济学家马歇尔给土地下的定义是："土地是指自然为辅助人类而自由给予的陆水、空气和光热等各种物质与能力。"[②]

从经济学家对土地的解释中可看出土地是指自然资源的一个整体；并占有空间固定的位置而不能移动。Johnson 和 Barlowe 合著的《土地问题与政策》一书中说道："我们将自然物质看作土地的一种概念，只是当这些物质继续与某一块地球表面保持不可分离的财产关系时，才可能如此的。"[③]

在经济学家的眼中，土地是包含所有的原始而非人力创造之能力和原料物质并加上空间地位，但由地上所培植的或由地中所采取的原料物质，则称为资本物了。由此可知，土地是构成地球表面的自然物和自然力，并有固定的位置，不能与地壳分离。土地不论形式如何，必附着空气、日光、热能、吸力及许多自然的生物与矿物，综合起来统称自然资源，构成土地的整体，其中可划分为物质和能力两部分，即包含有形与无形两类资源。有形的是水面和陆地所含的各种自然物质，无形的是空气及各种自然力量。人们占有某块土地的有形部分，即很自然地控制了并利用其无形部分。倘若没有这些无形的资源附着于有形的实质土地，则土地的生产力及利用价值就将大部或全部消失。

综上所述，可见土地的概念与内涵是随社会的发展，沿着下列过程面不断丰富的：有肥力的地球地表层—地球表面的陆地部分—地球表面的陆地、水面及滩涂部分—土地是一个多层次立体空间—土地是受自然力与人类经济活动影响后而形成的自然历史综合体—土地是所有的自然资源—土地是能形成整体功能的自然资源—土地是具有固定空间位置的有形与无形自然资源的

① 濮励杰，彭补拙. 土地资源管理 [M]. 南京：南京大学出版社，2002.

② 濮励杰，彭补拙. 土地资源管理 [M]. 南京：南京大学出版社，2002.

③ 朱道林. 土地管理学 [M]. 北京：中国农业大学出版社，2007.

综合整体。可见，土地的意义和内涵总是随人类知识的发展与科技的进步而不断丰富。

（二）土地的特点

1. 自然特点

（1）位置固定

众所周知，土地的位置是无法移动的，它具有自身的固定性，在某一位置上永久固定。固定在不同位置的土地具有先天的差异性，这种差异主要从地址、土壤类型、土地肥力、地貌、自然景观等方面体现出来，土地的差异性一定程度上造成了不同地区在自然生产力、土地开发利用价值和土地经济价值等方面的差异。对不同位置的土地的禀赋有正确而充分的认识是进行土地管理、因地制宜地开发利用土地、实现土地经济价值的基础与前提。

（2）数量有限

地球上的陆地空间本身就是相对有限的，土地作为陆地的组成部分之一，其在数量上也不是无穷尽的，而是有限的，数量有限，面积也有限，是不可制造或复制的自然资源。此外，地上资源和地下资源有限、土地空间有限等也是土地数量有限性特征的主要表现。

现在，人类能够利用的土地只是部分空间和数量的土地，这一方面与土地本身的性质有关，另一方面也是因为受经济和技术条件有限的影响。因为土地是不可再生资源，所以如果人类不加控制地随意开采土地，必然会造成土地的耗竭。

（3）不可再生

从地球形成之日起，土地的数量就基本已经确定了，尽管地壳随着时光的流逝发生了一些变化，但土地总的数量是相对稳定的，没有明显的变化。由于现在制造代替土地的材料还没有被人类发现，所以我们无法对其进行复制，土地的面积也不会因为用了替代物而得以扩大，土地的不可再生性是不可扭转的。

（4）利用永续

很多固定的生产资源因为频繁使用而严重磨损，甚至最后达到报废的程度。但土地这种固定的生产资源却不会如此，相反，土地是可以永续利用的。

土地是人类生产活动的重要载体，也是人类生产活动得以顺利进行的主要空间，它永不磨灭。比如，土地是农业生产活动的重要空间和载体，人类反复耕种农作物并不会造成土壤肥力的消失。再如，人类开采地下资源，随着科学技术的不断发展，人类将会利用更多的新能源。这些都说明了土地具有利用永续性的特征。

需要强调的是，土地利用的永续性并不意味着我们对土地的利用可以毫无节制和约束，可以完全随心所欲。如果对土地的利用不科学、不节制，就会破坏土地自身的平衡系统，如能量交换平衡、物质交换平衡等，土地的平衡系统一旦遭到破坏，就会出现土地流失、土地资源恶化、土地价值下降等问题，最终造成的损失是不可估量和难以弥补的。所以，我们要正确认识土地的利用永续性特征，坚持可持续发展理念，科学合理地开发利用土地，保护人类赖以生存的空间。

2. 经济特点

（1）供应稀缺

土地是稀缺资源，其没有弹性，不可替代，这是由其自然属性所决定的，如数量有限，位置固定等。土地供应稀缺主要从两个方面体现出来，一是总量供应稀缺，二是有经济价值的土地供应稀缺。在一定的生产力条件下，数量有限的土地能够负荷的人口数量是有限度的，随着人口的不断增加，就会逐渐超过这个负荷限度，土地供应的稀缺性就越发明显了，而且还会造成供需矛盾，影响农业生产用地。

土地供应稀缺的特征要求人口数量的增长要与土地的承载负荷保持协调，要求我们重视对土地的珍惜与保护，以集约化经营理念来开发利用土地，使土地的产出效应得到提升。

（2）报酬有差异

不同地理位置的土地，在土地面积相同的情况下，进行相同劳动程度的开发利用，得到的报酬是有差异的，这就是土地报酬的差异性特征。不同地理环境的土地，其构成要素有一定的差异，土地的性状也有优劣之分，所以造成了土地生产能力的差异，最终也使土地的报酬出现差异。土地的自然属性，尤其是地域差异性决定了其报酬差异性，土地生产条件的优劣又决定了农产品的价格，这是农业生产计价标准的独特之处。

（3）经营有风险

土地在农业生产中是不可或缺的重要资源，农业生产具有周期长、项目不易变更等特征，自然环境、农业政策、市场供需情况等在很大程度上都影响着农业生产，所以农产品的价格经常变化，但是土地利用对市场价格变化的反应相对比较慢，不像其他产业一样可以及时反应和调整，也就是说土地利用情况相对于农产品市场价格变化是滞后的，这就导致农业生产波动性大，市场效益稳定性差，可见土地经营面临较大的风险。

土地经营的风险性要求从业者注重市场预测，有针对性地经营，既不能盲目，也要避免走弯路，尽可能控制风险，提高土地经营管理水平和农业经济效益。

（三）土地的分类

1. 按地形地貌分类

土地按地形地貌划分，可以分为山地、丘陵和平原等。

（1）山地

山地的海拔高度在 500 米以上，地面起伏大，峰谷明显，比高在 100 米以上，地表存在不同程度的切割。根据绝对高度、相对高程以及切割程度的差异，山地可分为低山、中山、高山和极高山。

（2）丘陵

丘陵是平原与山地之间的过渡类型，切割破碎，构造线模糊，比高在100 米左右、起伏缓和。

（3）平原

平原一般指有微型起伏的平坦地面，高差在几米以内。根据平原所处的不同高程大小又可分为以下几类。

高原：海拔 600 米以上。

高平原：海拔 200～600 米。

低平原：高程小于 200 米。

洼地：高程低于海平面。

2. 按土地利用现状分类

土地利用现状分类体系经过多年的局部调整和完善，形成了相对较系统的分类体系。它采用等级序分法，将土地划分为 8 个一级类，即耕地、园地、林地、牧草地、城镇村及工矿用地、交通用地、水域和未利用地，8 个一级类下分 47 个二级类。

土地利用现状分类见表 1-1。

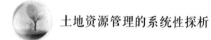

表 1-1　土地利用现状分类

一级类		二级类		含义
编码	名称	编码	名称	
01	耕地			指种植农作物的土地，包括熟地，新开发、复垦、整理地，休闲地（含轮歇地、休耕地）；以种植农作物（含蔬菜）为主，间有零星果树、桑树或其他树木的土地；平均每年能保证收获一季的已垦滩地和海涂。耕地中包括南方宽度<1.0 米，北方宽度<2.0 米固定的沟、渠、路和地坎（埂）；临时种植药材、草皮、花卉、苗木等的耕地，临时种植果树、茶树和林木且耕作层未破坏的耕地，以及其他临时改变用途的耕地
		0101	水田	指用于种植水稻、莲藕等水生农作物的耕地。包括实行水生、旱生农作物轮种的耕地
		0102	水浇地	指有水源保证和灌溉设施，在一般年景能正常灌溉，种植旱生农作物（含蔬菜）的耕地。包括种植蔬菜的非工厂化的大棚用地
		0103	旱地	指无灌溉设施，主要靠天然降水种植旱生农作物的耕地，包括没有灌溉设施，仅靠引洪淤灌的耕地
02	园地			指种植以采集果、叶、根、茎、汁等为主的集约经营的多年生木本和草本作物，覆盖度大于 50%或每亩株数大于合理株数 70%的土地。包括用于育苗的土地
		0201	果园	指种植果树的园地
		0201K	可调整果园	指由耕地改为果园，但耕作层未被破坏的土地
		0202	茶园	指种植茶树的园地
		0202K	可调整茶园	指由耕地改为茶园，但耕作层未被破坏的土地
		0203	橡胶园	指种植橡胶树的园地
		0203K	可调整橡胶园	指由耕地改为橡胶园，但耕作层未被破坏的土地
		0204	其他园地	指种植桑树、可可、咖啡、油棕、胡椒、药材等其他多年生作物的园地
		0204K	可调整其他园地	指由耕地改为其他园地，但耕作层未被破坏的土地
03	林地			指生长乔木、竹类、灌木的土地，及沿海生长红树林的土地。包括迹地，不包括城镇、村庄范围内的绿化林木用地，铁路、公路征地范围内的林木，以及河流、沟渠的护堤林
		0301	乔木林地	指乔木郁闭度≥0.2 的林地，不包括森林沼泽
		0301K	可调整乔木林地	指由耕地改为乔木林地，但耕作层未被破坏的土地
		0302	竹林地	指生长竹类植物，郁闭度≥0.2 的林地
		0302K	可调整竹林地	指由耕地改为竹林地，但耕作层未被破坏的土地
		0303	红树林地	沿海生长红树植物的林地

一级类		二级类		含义	
编码	名称	编码	名称		
03	林地	0304	森林沼泽	以乔木森林植物为优势群落的淡水沼泽	
		0305	灌木林地	指灌木覆盖度≥40%的林地，不包括灌丛沼泽	
		0306	灌丛沼泽	以灌丛植物为优势群落的淡水沼泽	
		0307	其他林地	包括疏林地（树木郁闭度≥0.1、<0.2的林地）、未成林地、迹地、苗圃等林地	
		0307K	可调整其他林地	指由耕地改为未成林造林地和苗圃，但耕作层未被破坏的土地	
04	草地			指生长草本植物为主的土地	
		0401	天然牧草地	指以天然草本植物为主，用于放牧或割草的草地，包括实施禁牧措施的草地，不包括沼泽草地	
		0402	沼泽草地	指以天然草本植物为主的沼泽化的低地草甸、高寒草甸	
		0403	人工牧草地	指人工种植牧草的草地	
		0403K	可调整人工草地	指由耕地改为人工草地，但耕作层未被破坏的土地	
		0404	其他草地	指树木郁闭度<0.1，表层为土质，不用于放牧的草地	
05	商服用地			指主要用于商业、服务业的土地	
06	工矿仓储用地			指主要用于工业生产、物资存放场所的土地	
		0601	工业仓储用地	指工业生产、产品加工制造、机械和设备修理，物资储备、中转的场所及直接为工业生产等服务的附属设施用地。包括物流仓储设施、配送中心、转运中心等	
		0602	采矿用地	指采矿、采石、采砂（沙）场，砖瓦窑等地面生产用地，排土（石）及尾矿堆放地	
		0603	盐田	指用于生产盐的土地，包括晒盐场所、盐池及附属设施的用地	
07	住宅用地			指主要用于人们生活居住的房基地及其附属设施的土地	
		0701	城镇住宅用地	指城镇用于生活居住的各类房屋用地及其附属设施用地，不含配套的商业服务设施等的用地	
		0702	农村宅基地	指农村用于生活居住的宅基地	
08	公共管理与公共服务用地			指用于机关团体、新闻出版、科教文卫、公用设施等的土地	
		0801	机关团体新闻出版用地	指用于党政机关、社会团体、群众自治组织，广播电台、电视台、电影厂、报社、杂志社、通讯社、出版社等的用地	
		0802	科教文卫用地	指用于各类教育，独立的科研、勘察、研发、设计、检验检测、技术推广、环境评估与监测、科普等科研事业单位，医疗、保健、卫生、防疫、康复和急救设施，为社会提供福利和慈善服务的设施，图书、展览等公共文化活动设施，体育场馆和体育训练基地等的用地及其附属设施用地	

一级类		二级类		含义	
编码	名称	编码	名称		
08	公共管理与公共服务用地			0803A	高教用地	指高等院校及其附属设施用地
		0809	公用设施用地	指用于城乡基础设施的用地。包括供水、排水、污水处理、供电、供热、供气、邮政、电信、消防、环卫、公用设施维修等用地	
		0810	公园与绿地	指城镇、村庄范围内的公园、动物园、植物园、街心花园、广场和用于休憩、美化环境及防护的绿化用地	
				0810A	广场用地	指城镇、村庄范围内的广场用地
09	特殊用地			指用于军事设施、涉外、宗教、监教、殡葬、风景名胜等的土地	
10	交通运输用地			指用于运输通行的地面线路、场站等的土地。包括民用机场、汽车客货运场站、港口、码头、地面运输管道和各种道路以及轨道交通用地	
		1001	铁路用地	指用于铁道线路及场站的，包括征地范围内的路堤、路堑、道沟、桥梁、林木等的用地	
		1002	轨道交通用地	指用于轻轨、现代有轨电车、单轨等轨道交通用地，以及场站的用地	
		1003	公路用地	指用于国道、省道、县道和乡道的用地。包括征地范围内的路堤、路堑、道沟、桥梁、汽车停靠站、林木及直接为其服务的附属用地	
		1004	城镇村道路用地	指城镇、村庄范围内公用道路及行道树，包括快速路、主干路、次干路、支路、专用人行道和非机动车道，及其交叉口等的用地	
		1005	交通服务场站用地	指城镇、村庄范围内交通服务设施用地，包括公交枢纽及其附属设施用地、公路长途客运站、公共交通场站、公共停车场（含设有充电桩的停车场）、停车楼、教练场等用地，不包括交通指挥中心、交通队用地	
		1006	农村道路	在农村范围内，南方宽度≥1.0 米、≤8.0 米，北方宽度≥2.0 米、≤8.0 米，用于村间、田间交通运输，并在国家公路网络体系之外，以服务于农村农业生产为主要用途的道路（含机耕道）	
		1007	机场用地	指用于民用机场、军民合用机场的用地	
		1008	港口码头用地	指用于人工修建的客运、货运、捕捞及工程、工作船舶停靠的场所及其附属建筑物的用地，不包括常水位以下部分	
		1009	管道运输用地	指用于运输煤炭、矿石、石油、天然气等管道及其相应附属设施的地上部分用地	
11	水域及水利设施用地			指陆地水域，滩涂、沟渠、沼泽、水工建筑物等用地。不包括滞洪区和已垦滩涂中的耕地、园地、林地、城镇、村庄、道路等用地	
		1101	河流水面	指天然形成或人工开挖河流常水位岸线之间的水面，不包括被堤坝拦截后形成的水库区段水面	
		1102	湖泊水面	指天然形成的积水区常水位岸线所围成的水面	
		1103	水库水面	指人工拦截汇集而成的总设计库容≥10 万立方米的水库正常蓄水位岸线所围成的水面	

续表

一级类		二级类		含义			
编码	名称	编码	名称				
11	水域及水利设施用地	1104	坑塘水面	指人工开挖或天然形成的蓄水量<10万立方米的坑塘常水位岸线所围成的水面			
					1104A	养殖坑塘	指人工开挖或天然形成的用于水产养殖的水面及相应附属设施用地
							1104K	可调整养殖坑塘	指由耕地改为养殖坑塘，但可复耕的土地
		1105	沿海滩涂	指沿海大潮高潮位与低潮位之间的潮浸地带。包括海岛的沿海滩涂。不包括已利用的滩涂			
		1106	内陆滩涂	指河流、湖泊常水位至洪水位间的滩地；时令湖、河洪水位以下的滩地；水库、坑塘的正常蓄水位与洪水位间的滩地。包括海岛的内陆滩地。不包括已利用的滩地			
		1107	沟渠	指人工修建，南方宽度≥1.0米、北方宽度≥2.0米用于引、排、灌的渠道，包括渠槽、渠堤、护路林及小型泵站			
					1107A	干渠	指除农田水利用地以外的人工修建的沟渠
		1108	沼泽地	指经常积水或渍水，一般生长湿生植物的土地。包括草本沼泽、苔藓沼泽、内陆盐沼等。不包括森林沼泽、灌丛沼泽和沼泽草地			
		1109	水工建筑用地	指人工修建的闸、坝、堤路林、水电厂房、扬水站等常水位岸线以上的建（构）筑物用地			
		1110	冰川及永久积雪	指表层被冰雪常年覆盖的土地			
12	其他土地			指上述地类以外的其他类型的土地			
		1201	空闲地	指城镇、村庄、工矿范围内尚未使用的土地。包括尚未确定用途的土地			
		1202	设施农用地	指直接用于经营性畜禽养殖生产设施及附属设施用地；直接用于作物栽培或水产养殖等农产品生产的设施及附属设施用地；直接用于设施农业项目辅助生产的设施用地；晾晒场、粮食果品烘干设施、粮食和农资临时存放场所、大型农机具临时存放场所等规模化粮食生产所必需的配套设施用地			
		1203	田坎	指梯田及梯状坡地耕地中，主要用于拦蓄水和护坡、南方宽度≥1.0米、北方宽度≥2.0米的地坎			
		1204	盐碱地	指表层盐碱聚集，生长天然耐盐植物的土地			
		1205	沙地	指表层为沙覆盖、基本无植被的土地。不包括滩涂中的沙地			
		1206	裸土地	指表层为土质，基本无植被覆盖的土地			
		1207	裸岩石砾地	指表层为岩石或石砾，其覆盖面积≥70%的土地			

二、土地资源的内涵

（一）土地资源的含义

土地资源是人类生存和进行劳动生产活动中已经利用和能够利用但尚未利用的土地数量和质量的总称[①]。

土地资源是土地概念的内涵，也就是我们通常所说的"狭义的土地"，它是人类生产活动中自然资源的核心部分，是不可替代的生产资料，是人类赖以生存的基本条件。

（二）土地资源的特征

土地资源是土地的狭义概念，或者说是土地的一部分，它具有土地的一般特征，同时还有自身的特征。土地的一般特征包括自然特征和经济特征，可参考上文，这里不再赘述。下面仅分析土地资源的其他特征。

1. 实用性

并不是所有的土地都能被人类利用，而只有具备一定条件的土地资源才有重要的开发利用价值，这是土地自然供给中的规律。一般来说，实用的土地资源要具备下列几个基本条件。

（1）地形地势良好，能够为人类正常生产活动和生活劳动提供便利，有独具特色的天然资源。

（2）气候宜人，适宜动植物生长和人类生活。

（3）交通便利，运输条件良好，便于产品输出和信息互通。

2. 动态性

土地类型多样，地质演化造就了各种各样的土地资源，与此同时，地貌变迁、土质发育、地表供水供热变化以及生物群落的形成与消亡等各种自然现象也伴随着这一复杂的过程而发生。自然界时时刻刻、永不停息地变化，尽管这个过程是比较缓慢的，但不可否认它是客观事实与自然规律。在自然界缓慢变化的过程中，土地资源也在不断变化。

而且，随着科技的不断发展和生产力水平的不断提高，很多原本开发利用价值不明显的土地资源也渐渐受到重视，得到开发利用，成为宝贵资源，带来了经济效益。可见，从开发利用价值的视角来看，土地资源也具有动态变化性。

---

① 方芳. 土地资源管理［M］. 上海：上海财经大学出版社，2006.

第二节　我国的土地资源及其特征

一、我国的土地资源概况

2018 年 9 月，国务院统一部署开展第三次全国国土调查（以下简称"三调"），以 2019 年 12 月 31 日为标准时点汇总数据。"三调"全面采用优于 1 米分辨率的卫星遥感影像制作调查底图，广泛应用移动互联网、云计算、无人机等新技术，创新运用"互联网＋调查"机制，全流程严格实行质量管控，历时 3 年，全面查清了全国国土的利用状况。根据第三次全国国土调查主要数据公报（2021 年 8 月 25 日），我国主要土地资源概况如下。

（一）耕地

耕地 12 786.19 万公顷，其中：

水田：3 139.20 万公顷（47 087.97 万亩），占 24.55%。

水浇地：3 211.48 万公顷（48 172.21 万亩），占 25.12%。

旱地：6 435.51 万公顷（96 532.61 万亩），占 50.33%。

64% 的耕地分布在秦岭—淮河以北。黑龙江、内蒙古、河南、吉林和新疆这 5 个省份耕地面积较大，占全国耕地的 40%。

（二）园地

园地 2 017.16 万公顷（30 257.33 万亩），其中：

果园：1 303.13 万公顷（19 546.88 万亩），占 64.60%。

茶园：168.47 万公顷（2 527.05 万亩），占 8.35%。

橡胶园：151.43 万公顷（2 271.48 万亩），占 7.51%。

其他园地：394.13 万公顷（5 911.93 万亩），占 19.54%。

园地主要分布在秦岭—淮河以南地区，占全国园地的 66%。

（三）林地

林地 28 412.59 万公顷（426 188.82 万亩），其中：

乔木林地：19 735.16 万公顷（296 027.43 万亩），占 69.46%。

竹林地：701.97 万公顷（10 529.53 万亩），占 2.47%。

灌木林地：5 862.61 万公顷（87 939.19 万亩），占 20.63%。

其他林地：2 112.84 万公顷（31 692.67 万亩），占 7.44%。

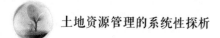

87%的林地分布在年降水量400毫米（含400毫米）以上地区。四川、云南、内蒙古、黑龙江4个省份林地面积较大，占全国林地的34%。

（四）草地

草地26 453.01万公顷（396 795.21万亩），其中：

天然牧草地：21 317.21万公顷（319 758.21万亩），占80.59%。

人工牧草地：58.06万公顷（870.97万亩），占0.22%。

其他草地：5 077.74万公顷（76 166.03万亩），占19.19%。

草地主要分布在西藏、内蒙古、新疆、青海、甘肃、四川这6个省份，占全国草地的94%。

（五）湿地

湿地2 346.93万公顷（35 203.99万亩）。湿地是"三调"新增的一级地类，包括7个二级地类，其中：

红树林地：2.71万公顷（40.60万亩），占0.12%。

森林沼泽：220.78万公顷（3 311.75万亩），占9.41%。

灌丛沼泽：75.51万公顷（1 132.62万亩），占3.22%。

沼泽草地：1 114.41万公顷（16 716.22万亩），占47.48%。

沿海滩涂：151.23万公顷（2 268.50万亩），占6.44%。

内陆滩涂：588.61万公顷（8 829.16万亩），占25.08%。

沼泽地：193.68万公顷（2 905.15万亩），占8.25%。

湿地主要分布在青海、西藏、内蒙古、黑龙江、新疆、四川、甘肃这7个省份，占全国湿地的88%。

（六）城镇村及工矿用地

城镇村及工矿用地3 530.64万公顷（52 959.53万亩），其中：

城市用地：522.19万公顷（7 832.78万亩），占14.79%。

建制镇用地：512.93万公顷（7 693.96万亩），占14.53%。

村庄用地：2 193.56万公顷（32 903.45万亩），占62.13%。

采矿用地：244.24万公顷（3 663.66万亩），占6.92%。

风景名胜及特殊用地：57.71万公顷（865.68万亩），占1.63%。

（七）交通运输用地

交通运输用地955.31万公顷（14 329.61万亩），其中：

铁路用地：56.68万公顷（850.16万亩），占5.93%。

轨道交通用地：1.77 万公顷（26.52 万亩），占 0.18%。

公路用地：402.96 万公顷（6 044.47 万亩），占 42.18%。

农村道路：476.50 万公顷（7 147.56 万亩），占 49.88%。

机场用地：9.63 万公顷（144.41 万亩），占 1.01%。

港口码头用地：7.04 万公顷（105.64 万亩），占 0.74%。

管道运输用地：0.72 万公顷（10.85 万亩），占 0.08%。

（八）水域及水利设施用地

水域及水利设施用地 3 628.79 万公顷（54 431.78 万亩），其中：

河流水面：880.78 万公顷（13 211.75 万亩），占 24.27%。

湖泊水面：846.48 万公顷（12 697.16 万亩），占 23.33%。

水库水面：336.84 万公顷（5 052.55 万亩），占 9.28%。

坑塘水面：641.86 万公顷（9 627.86 万亩），占 17.69%。

沟渠：351.75 万公顷（5 276.27 万亩），占 9.69%。

水工建筑用地：80.21 万公顷（1 203.19 万亩），占 2.21%。

冰川及常年积雪：490.87 万公顷（7 362.99 万亩），占 13.53%。

西藏、新疆、青海、江苏 4 个省份水域面积较大，占全国水域的 45%。

"三调"是一次重大国情国力调查，也是党和国家机构改革后统一开展的自然资源基础调查。"三调"数据成果全面客观反映了我国国土资源的利用状况，也反映出耕地保护、生态建设、节约集约用地方面存在的问题，必须采取有针对性的措施加以改进。

二、我国的土地资源特征

（一）资源总量大，人均占有量少

在世界陆地总面积中，我国土地总面积所占的比例约为 1/15，排在世界第三位（俄罗斯第一、加拿大第二）。单从土地总面积来看，我国土地资源可观，但我国人口众多，平均所占有的土地资源是比较少的。和世界人均耕地、人均草地和人均林地等平均指标相比，我们在这些方面都不及平均指标，在全世界排在后列。

人口多，人均土地资源少是我国基本国情的一个重要表现，这一现象长期存在，人口增长、土地紧缺、经济发展构成了尖锐的矛盾，这对我国社会发展和国民经济增长造成了很大的制约。要处理这一矛盾，就要树立长远的发展观，从全民族的长远利益和可持续发展来考虑，我们要采用严格的、合理的措施来保护我国的土地资源，提高土地管理水平，使每一寸土地都得到恰到好处的利用。

（二）山地、丘陵多，平地少

我国山地和丘陵占全国土地面积的 2/3，而平原（含高原）仅占 1/3。我国山地和丘陵的一半以上分布在西部 10 个省、市、区，占西部总面积的绝大多数，仅山地就占全区土地面积的一半以上。山地最多的省份是贵州、云南和四川（包括重庆市），山地面积超过 50% 的还有山西、浙江、福建、江西、湖南、湖北、广西、西藏、陕西、甘肃等。全国有近一半的省山地面积超过辖区面积的 50%，而平地超过辖区面积 50% 的只有上海、天津、江苏、安徽、河南、内蒙古 6 个省、市、区。总之，我国山地、丘陵多，平地少。

（三）耕地后备资源不足

现阶段，我国耕地后备资源严重不足，还有大量的土地没有得到利用，其中占比较大的有冰川、戈壁、沙漠、石栎等比较特殊的土地类型，这些土地资源开发难度大，不宜用作耕地，即使将所有能够用作耕地的土地都开垦利用，人均耕地面积依然不乐观。

以上简单概括与分析了我国土地资源的基本特点和现状，这些只反映了我国土地资源的部分情况，而不是全部特点。我国幅员辽阔，土地类型复杂，需要进一步深入研究土地资源的特征，分析不同资源的优劣，为我国进行土地管理、因地制宜利用土地、提升土地资源利用的经济效益提供现实依据和参考。

第三节　土地管理的内涵

一、土地管理的概念与内涵

（一）土地管理的概念

土地管理就是国家根据其社会性质、土地的生态原理、经济原理及土地资源的特点，解决土地系统中存在的土地利用和土地关系问题。具体而言，土地管理就是国家运用行政、经济、法律和工程技术的综合性措施来维护土地所有制，调整土地关系，合理组织土地利用以及贯彻和执行国家的有关土地开发、利用、改造等方面的决策工作的总称①。

（二）土地管理的内涵

土地管理的内涵主要从以下两方面体现出来。

1. 调整土地关系的手段

一般来说，确立与变更土地的所有权、使用权中所产生的关系即为土地关系。土地关系也是国家有关部门之间和不同用地单位之间对土地进行分配与再分配的关系的集中体现。对这些关系的处理与协调是土地管理的重要任务。在土地管理中，有关法律规定是主要依据和手段，土地开发利用的规律是必须遵循的客观规律，在此基础上依照法律组织程序，采取技术手段对土地的数量进行空间上的确定，对土地的质量进行检验，以期使土地资源得到充分合理的利用，使土地关系更加协调、稳定。

2. 组织土地利用的措施

土地管理要求以自然规律、市场经济规律及相关要求为依据，对不同类型土地的利用进行合理组织，将各类用地的空间位置、结构合理确定下来，最终使保护与开发利用各项土地的最优模式得以形成和顺利运作，使各项土地能够得到最高效、最合理的应用，实现最优综合效益。这是土地管理的主要内容和重要目的。

在宏观视角下，土地利用的组织关系到整个自然生态系统的组织和利用，绝不仅仅是个别区域、个别部门的问题。随着我国土地相关法律的不断健全与完善和土地管理条件的改善，土地利用管理逐渐成为土地管理的重点，解决土地利用的问题也是土地管理的根本问题。在土地利用管理中，要严格贯彻落实国家及地方政府制定的关于土地利用的各项政策，严格执行各项决策，做好土地利用的组织与管理工作。

土地管理是组织土地利用的重要措施，而且是国家级的措施，这项措施具有鲜明的政策性、综合性以及突出的实践性与专业性。执行这一国家措施，能够使土地法律得以落实，使社会主义土地公有制得以巩固，提高国家对土地资源利用与保护的决策水平，从这一角度而言，土地管理这一国家措施既是法律措施，也是行政措施和经济措施，可以将其称为综合性国家措施。采取这一综合性措施，遵循土地利用的各项规律，争取使土地在人类生产生活

---

① 雷原. 土地资源管理实务全书 下 [M]. 北京：中国大地出版社，2007.

中能够永续利用，真正实现土地利用的延续性，同时要保证利用效益，通过合理开发利用真正能够获益，既维护了生态平衡，又获得了可观的财富，实现可持续发展。

二、土地管理的性质

土地管理与其他管理是有区别的，它具有自身独特的属性，这是由土地本身的特点及其在人类生产生活中的重要地位所决定的。下面具体分析土地管理的独特性质。

（一）二重性

1. 自然属性

作为自然界的产物，土地是名副其实的自然综合体，它的形成与变化都有规律可循，而且形成变化规律具有独特性。人类要在遵循土地形成变化的自然规律的基础上开发利用土地，对土地的生产潜力予以最大程度的挖掘，使土地的生产率得到提升，经济价值得以实现。在土地开发利用的复杂过程中，要充分利用各项技术措施进行土地管理，避免发生不合理的开发利用行为，解决矛盾和问题，这是土地管理自然属性的表现。

2. 社会属性

土地管理同时还具有社会属性。土地既是自然综合体，也是经济综合体，在围绕土地形成的生产关系中，土地作为客体存在，土地的占有与使用方式决定了其是否能够得到合理的开发利用。土地所有制是由统治阶级来维护的，而土地管理便是一种重要的维护手段，这表明了土地管理的社会性质。土地管理的社会属性在不同的社会制度下是有区别的。

（二）国家职能性质

为了使土地得到充分合理的利用，必须注意土地的总体效益。每项土地开发利用的措施必须符合大范围整治的要求，把局部利益和整体利益有机地结合起来，所以土地管理主要是国家政权的职能之一，而不是社会上任何其他团体组织的职能。

国家依据土地管理的需要了解并掌握土地资源及其利用动态，在国土范围内拟定整套的国土整治方案，指导各地开发利用和保护土地，指导地方、基层单位利用土地，这些管理职能只有依靠国家从上到下形成统一的体系，才能充分发挥其应有的作用。

　　土地的国家职能性质决定了土地具有法律属性。没有法律，一切对土地的开发、利用、保护都将是没有保证的，国家对土地管理的有效权力也必须通过法律程序才能奏效。立法先行是国土整治成功的重要经验之一。土地管理具有法律属性是由土地在民生中的重要地位和土地管理的国家职能性质所决定的。

三、土地管理的任务

（一）合理利用土地资源

　　人类的生存与发展都离不开土地资源，土地资源数量有限，具有不可再生性，我们必须从长远角度、全局角度进行土地管理，对土地开发与利用的行为加以控制和规范，以合理配置与高效利用土地资源。

（二）加强耕地保护

　　对土地资源的珍惜、合理利用以及对耕地的保护等是我国的基本国策，我国对耕地保护政策与措施严格执行和落实，满足人民群众对耕地的需求，并对城乡建设用地严格加以控制，为产业发展和城镇化进程中必要的土地供给提供保障，并在耕地开发和土地开垦中强调对土地生态环境的保护，以促进土地利用效率的提升，使耕地总量保持相对的动态平衡。

（三）保障土地使用者的权益

　　作为社会发展的重要财产和不可缺少的资源载体，土地的开发利用历来很受重视。在开发利用土地资源的过程中各种社会权利义务关系逐渐形成，无论是什么样的社会关系，都是在法律制度框架下形成的，但各种关系也会因为利益问题而发生矛盾。加强土地管理，就是为了保障土地使用者的合法权利和利益，这样才能使土地的开发利用更加合法、规划。

四、土地管理的基本原则

（一）因地制宜

　　土地位置相对固定，占据的空间也是一定的，它的形成、变化与所在地理环境的自然条件有密切的关系。除了自然条件外，社会环境也对土地的开发利用有影响，土地的质量因为人为因素的影响而具有多样性。我国土地类型多种多样，很多区域地形复杂，在土地开发利用上有一定的不同，因此各地必须因地制宜地开发利用土地，根据实际情况和客观规律进行土地管理，不能一刀切。

（二）节约用地，保护耕地

土地的面积有限，人们可以通过一定的措施改良，但不能增加它的数量，而且在一定的技术条件下，土地可以利用的面积更加有限，它是一种不可替代的生产资料，这就要求必须珍惜每一寸土地，尤其是我国人口多，耕地少，人均土地面积、耕地面积都低于世界平均水平，因此，节约用地，保护耕地更有必要。

（三）养用结合

土地肥力可以再生，只要处理得当，土地就会不断改良，在土地管理中，应在充分利用土地的同时，注意培养地力，把用地和养地结合起来，保障土地永续利用。

（四）综合效益最优

土地投入与产出有时并不成正比，为了获得较好的产出，必须按照客观规律来管理土地，比较分析各种不同的土地利用方案，择优采用，同时注意保护环境和生态平衡，把生态效益、经济效益和社会效益结合起来，争取收获最佳综合效益。

五、土地管理的内容

土地管理的内容包括下列四个方面：

第一，地籍管理。一般而言，地籍管理是对土地基础信息的收集、整理和提供利用，因此，其基本内容包括土地调查、土地登记、土地统计、土地分等定级、土地估价、地籍档案管理等。

第二，土地产权管理。土地产权管理是对土地所有权、使用权以及土地他项权利的确立、变更、终止进行管理，并对权属争议进行调查处理。因此，土地产权管理的基本内容应当包括土地所有权的确立、土地所有权的变更、土地所有权的终止、土地使用权的确立、土地使用权的变更、土地使用权的终止，以及土地权属纠纷的查处等。在我国，土地所有权的确立包括国家土地所有权的确立和农民集体土地所有权的确立；土地所有权的变更主要指土地征用（收），土地所有权的终止主要指由于土地征用（收）带来的特定土地的集体所有权终止；土地使用权的确立主要指土地使用者通过出让、租赁、作价出资（入股）、划拨、承包等方式取得国有土地或集体土地使用权；土使用权的变更即土地使用权流转，包括国有土地使用权的转让、出租、转包和集体土地使用权的转让、出租、转包等。土地使用权的终止包括国有土地使用权的终止和集体土地使用权的终止。土地权属纠纷的查处包括土地所有权纠纷的查处和土地使用权纠纷的查处等。

第三，土地利用管理。土地利用管理应当从土地资源的开发、利用、保护、治理出发进行管理，因此，土地利用管理的内容应当包括土地资源的开发利用规划、土地资源的开发利用、土地资源的整治与保护、土地利用的监督检查等。土地开发利用规划管理应当包括总体规划、分区规划、详细规划管理等；土地资源的开发利用管理包括农用地的利用管理、建设用地的利用管理、未利用地的开发管理等；土地资源的整治与保护管理包括农用土地整理、土地复垦、土地保护管理等；土地利用的监测包括土地利用类型、土地利用程度、土地利用效益的变化情况监控等。

第四，土地综合管理。土地综合管理是指为土地权属、土地利用以及实施国家的政策法规的需要，对土地信息、土地税费、国外土地管理科学等开展的研究和管理。土地综合管理包括土地税费管理、土地信息管理、国外土地管理经验借鉴、土地管理科学的发展管理等。

随着土地研究的不断深入和土地管理的不断发展，土地管理的内容还将进一步增加与完善。

第四节　我国土地资源管理的规律与展望

一、我国土地资源管理的规律

（一）土地管理体制不断演进

从奴隶社会到战国时期，各王朝都设地官负责主管土地的行政管理事务，并进行土地、道路、沟渠的设计和井田规划。

魏晋以后，由户部掌管全国户籍、地籍、财政税收等行政管理工作。

半殖民地半封建社会，国民党中央政府专设地政部，统一管理全国土地。

上述各时期的土地管理基本属于土地统管体制，而且更多地注重土地利用过程的管理。

中华人民共和国成立以后，我国实行土地分管体制，城市土地由城建部门、规划部门或民政部门、房管部门管理，农村土地则一直由农业部门管理。1986 年，国家进行土地管理体制的改革，成立全国地政统管机构——国家土地管理局和各级政府的土地管理机构，形成了全国城乡地政统管体制。之后，国务院增设国土资源部，负责土地、矿产、海洋等资源的规划、利用、保护和管理，从全国的土地管理发展为从陆地到海洋，从土地到矿产的国土资源的统一管理[①]。

2018 年 3 月，中华人民共和国第十三届全国人民代表大会第一次会议表决通过了关于国务院机构改革方案的决定，批准成立中华人民共和国自然资源部。自然资源部贯彻落实党中央关于自然资源工作的方针政策和决策部署，在履行职责过程中坚持和加强党对自然资源工作的集中统一领导，履行全民所有土地、矿产、森林、草原、湿地、水、海洋等自然资源资产所有者职责和所有国土空间用途管制职责，负责统筹国土空间生态修复，牵头组织编制国土空间生态修复规划并实施有关生态修复重大工程，并负责组织实施最严格的耕地保护制度，在我国土地资源管理中发挥了重要的作用。

（二）土地管理目的逐渐多样

在奴隶社会和封建社会，土地管理主要是为了征税。现在，社会主义条件下的土地管理则是以保证国家的土地资源最合理有效利用为首要目标，以土地持续利用为基本前提，以实现土地资源的合理有效利用为促进国家社会经济全面发展提供基本保证。

（三）土地管理内容不断丰富

奴隶社会和封建社会的土地管理主要集中在农地利用的管理上，半殖民地半封建社会加强城乡土地的全面管理，尤其是土地交易管理。我国现阶段土地管理的内容更加丰富，从城市土地到农村土地的管理都涉及土地资源利用、配置和土地资产及其价值实现等各个方面。

二、我国土地资源管理的发展趋势

随着社会的不断发展和国民经济水平的不断提升，我国土地资源管理也呈现出良好的发展趋势，主要从以下几方面体现出来。

---

① 孙敖. 土地资源管理实训教程［M］. 成都：西南财经大学出版社，2016.

（一）行政管理不断规范

在我国土地资源管理中，随着有关行政审批制度的不断改革、完善以及依法行政力度的不断加大，土地行政管理制度也越来越健全，严格依据相关制度来管理土地资源，将使土地资源的开发利用不断规范，效率也逐渐提升，效益趋于良好。

（二）法律化趋势增强

法律化趋势增强也是我国土地资源管理的重要发展趋势之一，这一发展趋势与我国出台物权法、不断建立与完善相关法律体系息息相关。当前，我国越来越重视对土地权属关系的管理，土地产权越来越清晰。与此同时，在国土资源系统中，土地资源是不可缺少的一部分，我国考虑在国土资源系统中纳入土地产权体系，以促进国土资源管理系统运行效率的整体提升。国土资源体系中的土地资源与矿产资源关系尤为密切，二者相互关联，也相互牵制，但是现实中一些地方为了短期利益强行割裂二者的关系，从而对国土资源的综合利用造成了制约，所以为促进国土资源管理体系的进一步完善，我国越来越注重以土地产权管理与保护为切入点，在管理与保护中法律手段发挥至关重要的作用。

（三）管理手段趋于市场化

随着我国土地资源行政管理的不断规范，尤其是市场管理体制的不断成熟，土地资源管理手段的市场化趋势越来越清晰，而且这一趋势也在不断加快，在土地资源配置方面，市场杠杆如土地价格、土地税收、土地租金等发挥了重要的引导作用。

（四）产业用地结构逐渐合理

我国国民经济不断发展，产业结构逐渐合理化、不断优化，产业结构快速升级，资源优化配置效益提升，这些都是我国经济发展的重要表现。随着区域产业结构的不断演进与优化升级，不同产业部门重新分配土地资源，土地利用结构发生了相应的变化。土地在不同产业部门的生产与利用率是有差异的，而且不同产业对土地资源的需求也不同，所以各产业的土地利用变化速率与产业发展变化速率是不同步的，但不同时期的产业结构演进与变化有自身的特征，所以土地利用结构也会发生相应的调整与变化，随着产业结构的不断优化，产业用地结构也逐渐趋于合理。

（五）生态环境问题受到重视

我国不同地区都或多或少存在着土地生态环境问题，而且不同地区的问题也是不同的，如土地盐碱化、水土流失等问题主要出现在西北地区；土地贫瘠化、石漠化等问题主要出现在西南地区；土地沙化、贫瘠化等问题主要存在于东北地区，土地酸化等问题主要存在于东南地区。但这些地区都有一个共同的土地问题，即土地环境破坏和污染。这一共性问题已经得到了有关部门的关注，在我国土地资源管理中，随着管理技术的不断发展，生态环境问题也得到了良好的解决，尽管短期内要根除这一问题是不容易的，但只要政府重视，就一定能够抑制土地生态环境的恶化。

（六）信息化管理不断加强

当前，我国土地资源问题越来越复杂，管理难度较大，为提高管理效率和质量，必须采用现代技术进行信息化管理。随着科技的发展，将会有越来越多的科技手段运用到土地资源管理中，土地资源的信息化管理和数字化保护将越来越受重视，这对减少土地管理成本，提高管理成效具有举足轻重的意义。

第五节　海南省土地资源的规范管理

我国最大的"热带宝地"是海南省，海南省热带土地资源丰富，而且有优越的自然条件，如水、热、光等，所以一年四季都适合耕种，农作物收获颇丰。海南省土地资源具有较大的开发潜力，要永续利用海南土地资源，就要在开发的同时加强保护、管理，维持生态平衡，协调人口、土地与经济发展之间的关系，转变经济增长模式，树立可持续发展理念，将耕地资源切实保护好、利用好，使其造福于人民。为加强对海南省土地资源的规范管理，需重点从以下几方面努力。

一、建立土地利用管理体系，建设宜居环境

建立海南省土地资源利用管理体系，建设适宜人民居住的良好家园，这要求政府从长远利益考虑，将近期开发利用目标与长远发展目标结合起来，对各类用地矛盾加以协调与解决，对不同类型土地资源的利用指标进行统一规划与安排，具体要落实以下工作。

首先，将海南省城镇体系规划高质量完成，在总体规划海南省城镇体系

规划的工程中，省自然资源和规划厅、自然资源和规划局和乡镇国土所要明确自身的职责与任务，相互协同配合，准确定位城镇功能，制订详细的合理可行的规划，同时也要做好对村镇规划的建设工作。

其次，积极开展海南省城镇绿化工作，美化城镇环境，净化城镇空气，在园林绿化建设中突出城乡一体化，集中力量提高建设水平，并重点解决主要环境问题，打造精品园林绿化工程。在土地资源利用的规划中，做好全方位的系统性的全局规划，对各地的脏、乱、差问题要彻底整治，对乱搭、乱建、乱占的不良现象要严厉处理。在住宅区的建设中强调生态、绿化、宜居和人性化，结合海南特色为人民打造舒适的生活环境。

二、严格实行耕地保护制度，发展热带生态农业

为保护海南省耕地，要严格实行耕地保护制度，打造具有海南特色的热带生态农业。

具体而言，要严格实行的耕地保护制度主要有以下两项。

一是，加强对基本农田保护制度的严格实行，了解市场对农产品的基本需求，尽可能满足市场需求，而且耕地总面积中基本农田保护区的面积不能低于 4/5。

二是，对耕地占用补偿制度也要严格实行。一般情况下，耕地不能被非农业建设占用，对于政府批准的耕地占用情况，占地单位要给予当地群众一定的补偿，具体要以所占用的耕地数量、耕地质量等实际情况来确定补偿的数额。

三、做好旅游区建设规划，大力发展生态旅游业

从海南省的产业结构来看，龙头产业非旅游业莫属，所以在海南省土地资源的规划管理中必须重视对旅游区建设的规划，定位要准确，规划要合理，要走生态型旅游业发展之路。

第一，对海南省生态旅游景区建设规划加以制定，将旅游规划作为旅游业开发建设的指针，所制订的规划应该满足高起点、高标准、高水平等条件。在做好全局规划的基础上对各市县旅游发展的土地规划分别加以制定，旅游区的土地规划既要详细，又要具有控制性和修建性。

第二，在进行旅游区土地规划建设的同时要做好项目策划建设工作，将这二者结合起来，积极打造海南省生态旅游区，推广海南省生态旅游的特色

品牌，如亚龙海旅游开发区、三亚南山文化旅游区、七仙岭温泉度假区、尖峰岭国家森林公园等。

第三，大力保护旅游景区的土地资源，整治景区环境，尽可能减少旅游区建设中对周边环境造成的影响，防止客流量的增大对景区及周边环境卫生造成破坏。在旅游景区土地规划中还要强调对自然保护区的保护，对森林公园要适度开发，景区的生态环境和土地资源是重点保护对象，在开发建设中还要分类管理废弃物，减少对环境的影响。

四、落实《海南省土地资源利用和保护"十四五"规划（2021—2025年）》

2021年9月，海南省自然资源和规划厅公布《海南省土地资源利用和保护"十四五"规划（2021—2025年）》，这为海南省土地资源利用与管理提供了方向和指导，严格落实这一文件对提高海南省土地资源的管理效率和开发效果具有重要意义。该文件的主要内容如下。

（一）指导思想

以习近平新时代中国特色社会主义思想为指导，全面贯彻党的十九大和十九届二中、三中、四中、五中全会精神，统筹推进"五位一体"总体布局，协调推进"四个全面"战略布局，立足新发展阶段，贯彻新发展理念，构建新发展格局，坚持节约资源和保护环境的基本国策，坚持人与自然和谐共生基本方略，以推动高质量发展为主题，以深化供给侧结构性改革为主线，以改革创新为根本动力，以满足人民日益增长的美好生活需要为根本目的，紧紧围绕"三区一中心"战略定位，把制度集成创新摆在突出位置，统筹发展与安全，优化全省国土空间布局，深化土地资源重点领域和关键环节改革，不断提升土地资源治理体系与治理能力现代化水平，促进土地资源利用和保护更高质量、更有效率、更加公平、更可持续，为高质量高标准建设海南自由贸易港提供强有力的保障。

（二）基本原则

1. 坚持新发展理念

把新发展理念贯穿于土地资源利用与保护的全过程，落实最严格的生态环境保护制度、耕地保护制度和节约集约用地制度，优化土地资源配置，促进资源集约高效利用，推进创新、协调、绿色、开放、共享发展。

2. 坚持改革创新

把制度集成创新摆在突出位置，充分发挥市场在资源配置中的决定性作用，更好发挥政府作用，深入推进土地要素市场化、农村土地制度改革、国土空间用途管制、节约集约用地等制度集成创新，为海南自由贸易港建设提供强大动力。

3. 坚持以人民为中心

把维护群众权益作为工作的出发点和落脚点，在村庄规划、征地拆迁、不动产登记、全域土地综合整治、乡村振兴用地保障等各方面持续加大资源惠民利民力度，保障人民群众共享经济社会发展成果，维护最广大人民群众的根本利益。

4. 坚持系统观念

坚持山、水、林、田、湖、草、沙是生命共同体，着眼土地资源全过程、全周期、全方位闭环管理，统筹新增与存量、地上与地下、资源保护与利用，坚持陆海统筹，区域协调发展，实现发展质量、结构、规模、速度、效益、安全相统一。

（三）重点任务

（1）深化"多规合一"改革，完善国土空间规划体系。

（2）健全节约集约用地政策体系，提高土地资源利用效率。

（3）落实最严格的耕地保护制度，牢牢守住耕地红线。

（4）推进土地制度集成创新，增强高质量发展内生动力。

（5）加强土地资源调控，统筹保障自由贸易港用地需求。

（6）实施山、水、林、田、湖、草、沙系统保护和修复，提升生态系统质量和稳定性。

（7）建立健全基础支撑体系，提升土地资源管理水平。

《海南省土地资源利用和保护"十四五"规划（2021—2025年）》中指出"十四五"时期海南省土地资源利用和保护的主要指标见表1-2。

表1-2 "十四五"时期海南省土地资源利用和保护的主要指标

指标		单位	2025年	属性
耕地和永久基本农田保护	1. 耕地保有量	万公顷	国家下达任务	约束性
	2. 永久基本农田保护面积	万公顷	国家下达任务	约束性

续表

	指标	单位	2025 年	属性
生态保护	3. 林地保有量	万公顷	国家下达任务	约束性
	4. 陆域生态保护红线占陆域面积比例	%	≥27.3	约束性
	5. 森林覆盖率	%	≥62.1	约束性
建设用地规模控制	6. 国土空间开发强度	%	国家下达任务	约束性
	7. 建设用地总规模	万公顷	国家下达任务	约束性
	8. 城乡建设用地规模	万公顷	国家下达任务	约束性
建设用地集约水平	9. 人均建设用地	平方米/人	214	约束性
	10. 人均城镇建设用地	平方米/人	153	预期性
	11. 人均城乡建设用地	平方米/人	176	预期性
	12. 单位 GDP 建设用地使用面积下降率	%	20%	约束性
国土综合整治	13. 新增耕地数量	公顷	[3 500]	预期性
	14. 新增水田面积	公顷	[5 000]	预期性
	15. 全域土地综合整治	公顷	[124 956]	预期性

注：1. 实施期间国家下达指标任务发生调整的，以国家正式下达指标任务为准。

2. 表中带"[ ]"的数据为"十四五"期间累计值。

第二章
土地产权管理研究

　　土地产权与国家体制、社会发展、经济建设等多个层次都有着深刻的关系，对土地产权的明确和认识，是研究土地资源相关问题的第一步，也决定着土地利用管理和监督工作的顺利开展，因此，对土地产权管理问题需要有非常透彻的理解。本章将从土地产权与土地制度、土地所有权管理研究、土地使用权管理研究以及土地产权违法行为的处理研究几个方面战略论述。

第一节　土地产权与土地制度

一、土地产权

（一）土地产权的涵义

　　土地产权的涵义较为复杂，土地的产权具有对土地的排他性的权利，对土地的产权是以土地所有权为核心，衍生出来的所有对土地财产的权利的总和。土地的产权包括土地的所有权、使用权以及他项权利。我国的土地所有权有两种，一个是国有土地所有权，另一个是农村集体土地所有权。在我国现行的体制中，土地主要归于国家或者集体所有，这是我国土地度产权区别于西方资本主义国家土地产权的最主要的区别[①]。

　　土地使用权同样包括两种形式，一个是国有土地使用权，另一个是农民集体土地使用权。土地他项权利所涉及的方面较为全面，包括土地租赁权、土地抵押权、土地继承权、地役权、地上权、地下权等一系列与土地有关的权利。

---

① 濮励杰，彭补拙. 土地资源管理［M］. 南京：南京大学出版社，2002.

所有以上构成了我国土地产权的基本涵义，也是土地管理与研究的最根本的依据。土地资源是一个国家最重要的资源之一，是国家的立国之本，关系到国家的领土安全、主权完整、国际政治关系、国家发展的战略以及经济政策的制定等，都需要以国家的土地资源为出发，土地资源是保障国家持续、稳定发展的根基，因此，对土地产权的概念需要进行透彻的理解和清晰的阐述。

（二）土地产权的基本特性

我国的土地产权是依据《中华人民共和国宪法》的指导而制定的，最主要的具有排他性、合法性和相对性三个基本特性。

1. 排他性

土地产权的排他性是指土地产权具有明确的权利归属，一旦确定这一权利，则排斥所有其他人对该项财产的权利。

2. 合法性

土地产权的合法性是指土地产权严格受到法律的保护，经过登记和产权确定之后，将具有不可侵犯的法律权利，在未经允许下，其他任何组织、集体或者个人都不可以侵犯。

3. 相对性

土地产权的相对性是指，尽管土地产权神圣不可侵犯，具有明确的所属权利。但是，在行使产权的过程中，还应受到国家最高权力机关的控制和制约，以及受到社会的监督。无论在哪个国家，尽管土地所有者具有对土地的所有权，即在法律意义上具有支配和使用该土地的权利，但是在实际应用时，还需在政府行政管理的要求范围内执行。

（三）土地产权的基本构成

国家的土地产权是在国家的社会制度、经济制度、法律体系等综合因素的影响下而形成的，对土地产权的划分和管理，将直接决定着相应的财产权利体系的建立。一般地，各个国家的土地产权都包括以下几点。

1. 土地租赁权

土地使用的主要形式之一就是土地租赁，土地所有者通过行使其合法权利，依据相应的法律法规，将土地的使用权租赁给其他组织、机构或个人使用，从而获得一定的经济收益，这是受到法律保护的合法行为。也就是说，承租人将自己拥有使用权的某一土地通过租赁的方式将使用权在一定期限内交由他人使用，一方面可以获得一定动机经济收益，另一方面也能够使该土地更好地发挥出其使用价值，创造更高的合法效益。

但是需要指出的是，承租人对土地的使用是受到一定法律的约束的，即承租人应依据土地出租人的意志而决定，不能擅自改变合约。

一般情况下，未经出租人的同意，土地租赁权人不能将该承租的土地，再转租给其他人。出租人和承租人之间，必须依据国家的法律、法规签订有效的租赁合同，从而使租赁行为受到法律的保护。土地租赁又分为有期限租赁和无期限租赁两种，但以我国的现实情况来看，只有有期限的租赁。

2. 土地抵押权

土地抵押权是在土地受押人对于土地抵押人不转移、占有并继续使用收益而提供担保的土地，在债务不能履行时可以将土地拍卖价款作为受偿的担保物权。

3. 地役权

地役权是在土地所有权上设定的一种他项权利。土地所有人为了其毗邻土地的权益，有义务允许他人在其土地上实施的某种行为。地役权包括建筑支持权、采光权、眺望权、取水权、道路通行权等。

4. 土地发展权

土地发展权是为了充分地发挥土地的资源效能，在现有情况下尝试进一步的开发与利用，比如变更土地使用权性质的权利，将农业用地变更为城市建设用地，或者增建建筑物的容积率。

（四）土地产权管理的内容

对土地产权的管理是国家土地资源管理部门的主要工作内容，主要包括以下几个方面。

1. 依法确认土地权属

土地的产权受到国家宪法的保护，因此，对土地的管理工作最重要的就是依法对土地所有权、土地使用权和土地他项权利进行确认和确定，并明确所有者的权利及义务，并通过严格的程序，依法对土地进行申报、地籍调查、审核批准、登记发证等，这是土地权属的标准流程，也是保护土地产权的重要措施。

2. 依法进行土地权属变更

土地的产权变更，也是土地产权管理的重要内容之一：

（1）土地所有权的变更

土地产权的变更，一般是指国家征用集体土地，或者是不同产权权力主体的调换，由于我国的土地实行公有制，因此所有权变更工作相对简单。

（2）土地使用权的变更

土地产权的变更内容较为复杂，工作也相对烦琐。比如土地划拨、土地使用权出让、土地使用权转让等。

（3）他项权利的变更

在进行他项权利时，要在土地管理部门进行申报登记，经过批准后即可产生相应的法律效力。

3. 依法对土地权属争议的处理

土地产权的管理还应包含对土地权属争议的处理，包括调查土地所有者、使用者的法律权益是否得到侵犯，或者是否有违规使用、不合理使用等现象，通过全面的调查后，需要对争议进行处理。从而保障土地权属的合法地位。

4. 依法查处土地权属的违法行为

在长期的土地使用工作中，必然也会出现一些土地权属的违法行为，这就是需要土地管理部门及时、有效地进行查处，对违规、违法者，依据法律规定，应给予严格的处罚。

一般地，土地的所有者、使用者、管理者，由于各种原因，在行使土地权属的过程中，会犯主观上或者客观上的错误，这就需要相关部门在严格依据法律规定的前提下，对存疑行为进行调查，并依法给予相应的处罚。

总之，依法查处土地权属违法行为，是我国县级以上人民政府土地行政主管部门的工作内容之一，是行使我国土地管理的第一线，也是保障我国土地权属不受侵犯的重要一环，是维护土地所有制，保护土地所有者、使用者和他项权利拥有者的合法权益的必要措施。

5. 依法征收土地权属有关税费

我国的土地相关税费包括土地资源税费和与土地资产（权属）有关的税费。前者包括集体土地使用税、耕地占用税、土地闲置税、新菜地开发建设基金等。后者包括土地增值税、契税、印花税、土地使用权出让金、地租、土地使用权股利、收回土地使用权补偿金等。

二、土地制度

（一）土地制度的涵义

关于土地制度有多种不同的表述。比如巴洛维的观点为"影响不动产资源所有权和利用的制度因素就是土地制度"。但是更多的人认为，土地制度应按照狭义和广义两种来区分。广义的土地制度包括土地所有、土地使用、土地管理及土地利用技术等方面的制度，简单地可以概括为涉及土地的生产力和生产关系两方面的制度内容。狭义的土地制度反映的是人与人之间的土地经济关系，即土地经济制度，围绕土地所有、使用、收益而发生的人们之间的生产关系制度。土地制度需要法律的确认和保护，因此土地制度也可称之为土地法律制度，是土地经济关系在法律法规上的体现。

（二）土地制度的基本功能

土地制度具有重要的制度形式和功能，是保障土地相关权利正常形式的主要依据，其主要功能体现在以下几个方面。

1. 保障功能

土地制度首先具有重要的保障功能，尤其是保证土地关系的利益相关者顺利行使其法律权利和经济权利，这也是土地制度的基本功能。

2. 激励功能

土地制度的激励功能，主要体现在对土地关系中所有的利益相关发挥适当的激发动机、鼓励行为、调动积极性的积极作用，从而引导社会实现良性的生产合作环境，使社会、国家实现现代文明的发展建设。

3. 约束功能

土地制度的约束功能，主要体现在经济利益约束、法律约束和道德约束三个方面。是保持土地资源健康、稳定发挥其价值的最重要的保障。

4. 资源配置功能

土地制度的配置功能主要包括不同主体间的配置、不同区域间的配置和不同行业间的配置。

土地制度的资源配置功能是指以市场价格信号为参考，以效益原则为指导，将土地资源按照效率的高低进行有效的配置，从而实现更好的社会和经

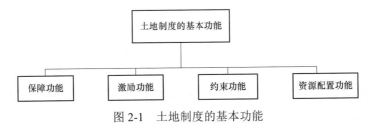

图 2-1　土地制度的基本功能

济效益，并且对国家的整体战略具有重要的支撑作用。

（三）土地制度的构成

我国的土地制度构成复杂，内容丰富，具有多种不同的层次，包含不同的方面，是一个较为完整的制度体系。我国的土地制度基本上是由三大部分组成，它们分别是土地所有制度、土地使用制度和土地国家管理制度。

1. 土地所有制度

土地所有制度是指在一定的社会制度下，人们拥有土地的经济形势。是人们拥有、使用和支配土地的基本依据，这是土地制度的核心，是土地关系的基础。土地所有制度是由社会生产方式所决定的。而社会生产方式归根到底是由生产力状况决定的。

需要指出的是，随着整个社会经济形态的不断发展和演变，土地也会由低级向高级逐步发展。在人类社会的历史上，一共有五种土地所有制，分别为：原始社会的氏族公社土地所有制、奴隶主土地所有制、封建土地所有制、资本主义土地所有制和社会主义土地所有制。

2. 土地使用制度

土地使用制度是指在土地使用过程中，对相关程序、条件以及形式等的详细规定。土地所有者和土地使用者都要按照一定的土地使用制度的规范来确定双方的权利和义务。这种经济行为同时又要受到国家政权的干预、调节和限制。土地使用制按所有权与使用权之间的关系，可以分为所有权与使用权相结合及所有权与使用权相分离两类。按土地所有者与土地使用者双方的根本利益的不同，又可以分为土地所有者与土地使用者双方的根本利益是对立的与双方的根本利益是一致的两大类。

3. 土地国家管理制度

土地国家管理制度是指国家政权以社会代表的身份，对全国土地在宏观上进行管理、监督和调控的制度、机制和手段的集合。土地国家管理制度的产生，是由土地对于人类的特殊重要性、土地供给的稀缺性和土地利用后果的社会性等因素所决定的。作为"社会代表"的国家政权，必须通过对全国土地的宏观管理、监督和调控，才能保证土地在不同群体之间的管理分配、在不同部门之间的合理配置，并能通过消除或减少土地利用中的外部性或市场决定而维护环境，实现土地可持续利用。土地的国家管理由中央政府和地方政府来实施。

第二节　土地所有权管理研究

土地所有权是土地产权的最重要的内容，关于土地所有权的管理是行使这一权利的主要形式，因此本节将以土地所有权展开详细的研究。

一、土地所有权的涵义

根据马克思的观点，土地的所有权包含两层含义。一个是法律意义上的土地所有权。即法律赋予的对土地的所有权利，意味着土地属于该所有者的财产，可行使法律允许的相关权利。另一个是经济意义上的土地所有权。由于土地所有者具有对土地的相关权利，因此可通过使用、租赁或经营等形式获得合法的经济收益，这就是土地所有权的经济意义。无论是土地所有权的法律意义还是经济意义，都是对土地所有权的解释，它们共同构成了土地所有权的完整性。

我国宪法对土地所有权的规定如下："城市的土地属于国家所有。农村和城市郊区的土地，除由法律规定属于国家所有的以外，属于集体所有；宅基地、自留地、自留山，也属于集体所有。"

也就是说，我国的土地所有权指能赋予国家或者农民集体，除此之外的任何其他组织都不享有土地所有权。土地属于不动产，对土地的所有权包括占有、使用、收益和处分四项权能。国家或农民集体经济组织作为国有土地或集体土地的所有权人，有权为实现社会利益或集体利益依法直接占有、使用、收益和处分土地；也有权在法律允许的范围内，通过合法的形式将土地所有权的部分权能转让给其他社会组织或个人行使。

另外，还需要明确的是，土地所有权具有完全性、排他性、恒久性、归一性以及社会性等特性，这些特性保证了土地所有权的完整形态。

土地所有权代表着土地所有制的法律表现形式，每个国家的国情不同，对土地所有的规定也不尽相同。尽管如此，土地所有权是保护土地所有主体，在法律规定的范围内自由使用其土地的权利。

二、土地所有权的基本特性

土地所有权具有其自身的某些特性，这是土地所有权区别于其他权利的独有属性，包括完全性、排他性、永久性、归一性和社会性。

（一）完全性

土地所有权是指权利主体对土地拥有全面的支配权，这些支配权较为完整，比较全面，包括对土地占有权、使用权、收益权及处分权等。土地所有权是其他物权的基础和出发点，比如，在土地所有权的基础上，才又衍生出土地使用权、土地抵押权、地役权等权利。

（二）排他性

排他性是指，土地所有者对土地具有垄断性，任何其他集体都不可侵犯，当有非自然的因素妨碍土地所有者行使自己的所有权时，土地所有者自己就有排除这些妨碍的权利，这是法律赋予土地所有者的天然权利。

（三）永久性

土地所有权是永久性的，在我国也属于受到法律保护的无限期地由土地所有者保有，因此具有永久性的特性。除非国家发生重大的社会变革，比如改变现有的所有制度，否则，我国的土地所有权将永久不变。

（四）归一性

土地所有权的归一性是指，权利主体有权将土地的使用权、地役权、抵押权、租赁权等其他权利，部分或全部地交由他人行使，并根据契约设定相应的期限。但是一旦契约期满，这些权利又重归土地所有者所拥有，这就是土地所有权的归一性的体现，即土地的权利主体不仅永久地拥有土地，而且对土地还具有统一的支配权。

（五）社会性

土地所有权是受到法律保护的一项产权，尽管权利主体对土地拥有绝对的所有权，且这种权利具有完全的排他性，然而，这一切还有一个必要的前提，即土地的所有权仍须受到社会的限制，即在现有社会法律规范的范围内行使相应权利。因为土地是社会赖以生存的重要的物质基础，并且由于土地是一项十分稀缺的自然资源，国家在发展，人口在增加，但是却无法生产或者制造出新的土地，因此土地

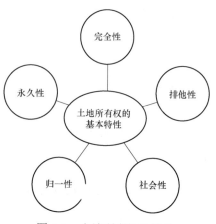

图 2-2 土地所有权的特性

的所有和使用都必须以国家的宏观规划与管理为基本依据，这既是对土地所有者的权利的一种限制，也是对土地资源的一种保护，以保证国民经济各个部门对土地的基本需求。

三、土地所有权的基本构成

土地所有权可以细分为土地占有权、土地使用权、土地收益权和土地处分权等。

（一）土地占有权

土地占有权指对土地进行实际支配和控制的权利。是权利主体对土地的最高权利形式，但是对土地占有权的行使不仅仅局限于权利主体，也可以由土地所有人根据法律的规定，以契约的形式交由他人行使。

（二）土地使用权

土地使用权是指土地的权利主体，依据法律的要求，和符合社会规范以及人们普遍的道德标准的前提下，对土地采取合理的利用和使用，以实现相应的收益的权利。

（三）土地收益权

土地的收益是指在法律和契约的保护下，土地的所有者可以进行一些经济活动，并获得由此产生的经济利益的权利，土地收益权是土地所有权在经济上的直接体现，因此也可看作是土地所有权的标志，但同时也是一项独立的权项。这个意思是说，即使土地所有者将土地的占有权、使用权甚至部分处分权都已分离出去，但仍然可以保留收益权。比如，土地的所有者将土地使用权交由他人行使，但是他还是享有着收益权。

（四）土地处分权

土地处分权是指土地所有人依法处置土地的权利。只要在法律允许的范围内，土地所有人就可以自由地对土地进行出租、发展和抵押。

四、土地所有权的管理内容

我国的土地所有权分为国有土地所有权和农村集体土地所有权。

（一）国有土地所有权

国有土地所有权的权利主体是国家，国家拥有对土地永久的所有权，按照我国的法律规定，这一权利是由国务院代表国家行使，也就是说是国务院是实质上的权利执行人，依法行使国家赋予的使用土地、获得收益和对土地进行处分的权利。具有明确的排他性，除此之外的任何组织或机构都没有处置国有土地的权利。

具体而言，我国的国有土地所有权的客体包括：城市土地；农村和城市郊区的土地；国家征收的土地；《宪法》规定内的属国家所有的森林、山脉、草原、荒地、滩涂等土地。

（二）农村集体土地所有权

我国农村集体土地所有权的主体是农民集体。农村集体土地所有权与国家土地所有权具有同样的权利属性，根据《中华人民共和国土地管理法》（以下简称《土地管理法》）第十条规定："农民集体所有的土地依法属于农村集体所有的，由村集体经济组织或者村民委员会经营、管理；已经分别属于村内两个以上农村集体经营经济组织的农民集体所有的，由村内各该农村集体经济组织或者村民小组经营、管理；已经属于乡（镇）农民集体所有的，由乡（镇）农村集体经济组织经营、管理。"也就是说，农民集体土地所有权的权利主体是农民集体，该权利的行使由农民集体行使。比如最常见的宅基地和自留地、自留山，都属于农民集体所有。

第三节　土地使用权管理研究

一、土地使用权的涵义

土地使用权是土地所有者，依据法律的规定，在允许的范围内对土地加以使用，目的是谋求一定的经济收益，这是土地所有权派生出的土地产权，是对土地使用权的合法合理的使用。

土地使用权又可分为广义的土地使用权和狭义的土地使用权。广义的土地使用权是指独立在土地所有权之外的依法对土地进行使用的权利，包括土地占有权、狭义的土地使用权、部分收益权和不完全处分权等权利的集合。狭义的土地使用权是指在法律允许的范围内，行使对土地的实际利用权，比如生产、租赁、发展等，狭义的土地使用权与土地占有权、收益权和处分权是并列关系。

目前，我国城镇国有土地使用权的出让和转让制度中的土地使用权就是这种广义的土地使用权。但是，广义的土地使用权也是一种物权，既然是物权就可以进行交易，也就是说我国的城镇国有土地使用权，在法律允许的范围内，是可以进行买卖、继承和抵押的。当然，土地的使用权的权利主体还可以将这一权利进行租赁，即可以设定土地租赁权。

土地使用权是依法对土地加以利用以获得收益的权利，是土地使用制的法律体现形式。我国对土地使用权有明确的法律规定，是国家对土地资源的统一规划和分配的具体体现，只有当土地使用权在法律的保护和指导下，权利的主体才能够获得其经济效益，这是保护土地所有者行使权利的重要手段。土地使用权又可分为广义上的土地使用权和狭义上的土地使用权两种。

二、土地使用权的特性

土地使用权具有独有的特性，这些特性是保证土地使用权顺利施行的重要前提。其主要特性有以下几个方面。

（一）派生性

土地使用权具有派生性，这是保证土地这一稀缺资源能够更加充分地得以利用，土地的使用权是从土地的所有权中派生出来的土地产权。

（二）物权性质

土地使用权也是一种物权，具有物权的所有属性，因此可以进行交易、转移等权利。

（三）具有明确的期限

一般而言，土地使用权都具有明确的使用期限，这是保证土地使用权合法行使的重要前提，在约定的限期内，使用权的权利主体可以在限期内有计划、有目的地对土地进行各种使用，从而获得预期的经济收益。

（四）可移动性

土地使用权是有土地所有权派生出的独立权项，在符合法律要求的范围内，可以发生变更和转移，这也是保证土地使用权健康合理行使的必要条件。

（五）数量有限性

土地使用权具有数量有限性的特性，这是因为，土地本身就是稀缺资源，由土地所有权派生出的土地使用权，则属于一种稀缺的物权，并没有大量的、无限的土地使用权可供社会使用，这就要求对土地使用权要严格的监管，以法律的武器，保证土地使用权的正常使用。

三、土地使用权的内容

我国土地使用权分为国有土地使用权和农村集体土地使用权。

（一）国有土地使用权

国有土地使用权是指国有土地使用权的主体对客体在依法行使土地使用权的过程中形成的权利和义务。这里的国有土地使用权的主体指依法取得国有土地使用权的单位和个人，客体指国家依法提供给单位和个人使用的国有土地。

（二）农村集体土地使用权

农村集体土地使用权是指，集体土地使用权的主体依法行使土地使用权的权利和义务。农村集体土地使用权的主体一般是指依法获得农村集体建设土地的单位和个人，客体是指依法取得的承包地、自留地、自留山、宅基地和农村集体建设用地等。根据《农村土地承包法》第二十条规定："耕地的承包期为三十年。草地的承包期为三十年至五十年。林地的承包期为三十年至七十年。"

四、国有土地使用权流转

我国是社会主义国家，对土地政策采取的社会主义公有制制度。国有土地属全民所有，国务院代表着权力的主体行使权。虽然土地的所有权是永久的、排他的、不可改变的，但是土地的使用权可以流转，成为我国国有土地使用的主要形式。一般而言，国有土地使用权流转方式主要有出让、转让、出租、抵押等。

（一）国有土地使用权的出让

国有土地使用权的出让，指的是国家以土地所有者的身份将土地使用权出让给某一组织作为实际的使用者，从而使土地得到较好的使用，并且这种出让必须要有明确的时间规定，在合约签订的年限内，土地使用者要向国家支付相应的土地使用权出让金。

需要明确的一点是，国有土地使用权出让主体为国有土地所有者，即国家。土地使用权出让的具体管理，一般是从出让年限和出让方式两个方面具体执行。

1. 出让年限

依据《城市房地产管理法》第十三条和（城镇国有土地使用权出让和转让暂行条例）第二十条规定，土地使用权出让要根据土地的不同用途，确定相应的使用年限，并对最高使用限期做出明确的规定。

（1）居住用地 70 年。

（2）工业用地 50 年。

（3）教育、科技、文化、卫生、体育用地 50 年。

（4）商业、旅游、娱乐用地 40 年。

（5）综合或者其他用地 50 年。

2. 出让方式

（1）协议出让

协议出让是指以协议的方式，国家作为土地所有权的权利主体，在法律的相关要求下，根据土地用途，将国有土地使用权在一定年限内出让给土地使用者，最终完成协议的土地使用者要向国家支付相应的土地使用权出让金。

（2）招标出让

招标出让一般是指市、县人民政府的国土资源行政主管部门，作为实际出让的执行人（以下简称"出让人"），根据国家相关法律的规定，发布招标公告，邀请有意向的自然人、法人和其他组织，参加国有建设用地的使用权投标，根据投标公司的综合情况，最终选定效益最高、最有利于土地使用的一方，成为国有建设用地的使用权人。

（3）拍卖出让

拍卖出让一般是指土地出让人发布拍卖公告，将某一地块进行拍卖，召集有意向的竞买人在指定时间、地点进行公开竞价，这一过程要在法律监督的条件下进行，并且最终根据竞价高低作为唯一的评价元素，将国有建设用地的使用权拍卖给使用人。

（4）挂牌出让

挂牌出让是指，出让人通过发布挂牌公告的方式出让国有土地的使用权。公告中包含出让使用权的土地、期限等，竞买人通过提出合理的报价竞买该土地的使用权。

（5）划拨出让

土地使用权的划拨与以上不同的是，土地使用权划拨的对象具有特定性特征，比如具有公益性质或者非营利性质的建设项目，一般是通过土地划拨而获得。但是通过划拨方式获得的建设用地，不能私自转让，只能由被出让人使用。

（二）国有土地使用权的转让

国有土地使用权的转让，与国有土地使用权出让的主要区别在于，前者是指土地使用者将土地使用权再转让的行为，比如最常见的形式是出售、交换和赠与。国有土地使用权的专访主体，是获得国有土地使用权的使用者。

1. 出售

出售即所有人将土地使用权作为自身的一项财产权进行买卖，土地使用权的出售是较为常见的土地使用手段，因此必须符合国家法律法规的相关规定，有力保护国有土地使用权不受损害，同时也有力地维护土地使用者的合法权利。

另外，土地使用权的出售还必须严格遵守平等、自愿、等价、有偿的交易原则，不得徇私舞弊，尤其是借由国家土地出售的环节大搞利益输送等违法行为。

一般地，国有土地使用权的出售，都是通过招标、拍卖、挂牌等方式进行，目的是尽量使交易在受到监督的条件下进行。由双方当事人通过协商，或通过土地有形交易市场以招标、拍卖挂牌方式成交。

2. 交换

与国有土地使用权出售不同的是，"交换"是指"互易"，即不涉及金钱支付，而仅仅是以物换物。一般地，需要交换土地使用权的双方，在双方同意交换的情况下，交换各自具有使用权的土地的使用权利。

3. 赠与

土地使用权的赠与是赠与人（国有土地使用权原受让人或者再受让人）将土地使用权无偿转移给受赠人的行为，受赠人成为土地使用权新的受让人。与出售一样，赠与只是土地使用权，土地所有权仍归国家。

（三）国有土地使用权的出租

国有土地在法律的监督下，将土地的使用权出租给承租人，是指合法取得国有土地使用权的民事主体（即出租人）将土地使用权及地上建筑物，其他附着物全部或部分提供给他人（承租人）使用，承租人为此而支付租金的行为。

土地使用权的出租是对国有土地使用的最多，也是最常见的形式之一，因此，也是国有土地管理工作的主要内容之一。

作为出租的主体，由于其使用权获得的方式不同，因此对进行出租的要求和管理方式也不尽相同。大致可分为以下两种情况。

（1）对于出租人通过出让方式获得国有土地的使用权的民事主体，允许其依法在限期内出租该土地的使用权；

（2）对于出租人是以划拨方式获得该国有土地的使用权，那么其出租期间所获得的利益应上缴国家，无论出租人是以何种形式出租，以及获得现金、款项或其他任何形式的收益，都应归国家所有，或者出租人可以通过补办划拨土地使用权的出让手续，并向国家缴纳相应的土地使用出让金。否则，以上行为属于违法出租，出租人要承担相应的法律责任。

另外，土地使用权的出租，不仅仅是对地块的出租，还包括该土地上的建筑物及其附着物等，必须连同土地使用权一并出租，也就是说，土地使用权的出租包含其上的建筑物等所有物权的使用权。

（四）国有土地使用权的抵押

土地使用权抵押是指土地使用权人以土地使用权作为履行债务的担保，当土地使用权人不能按期履行债务时，债权人享有变卖土地使用权的优先权，并从该价款中获得受偿权的一种债务担保形式。

五、农村集体土地使用权流转

（一）概念

农村集体土地使用权流转是指农村集体土地使用权在不同的主体之间的流动和转移。农村集体土地使用权流转可区分为农村土地承包经营权流转和农村集体经营性建设用地流转。

我国农村土地实行所有权，承包权和经营权"三权分置"，在流转中主要是经营权的流转，一般不涉及土地所有权和承包权。但在一些特殊情况下会涉及土地所有权和承包权流转，比如，土地征收之后农村集体所有权消失；农民进入城市就业生活并取得城镇社会保障之后，农村土地退出，土地承包权消失[①]。

---

① 方芳，叶方，曹建元. 土地资源管理［M］. 上海：上海财经大学出版社，2006.

（二）农村土地承包经营权流转

农村土地流转的形式主要有转包、转让、出租、互换、入股、抵押等（见图2-3）。

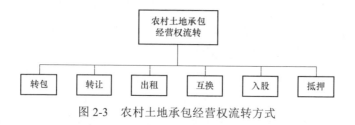

图 2-3　农村土地承包经营权流转方式

1. 转包

转包是指承包方将部分或全部土地承包经营权，以一定期限转给同一集体经济组织的其他农户从事农业生产经营。转包后，原土地承包关系不变，原承包方继续履行原土地承包合同规定的权利和义务。接包方按转包时约定的条件对转包方（原承包方）负责。

2. 转让

转让是指承包方有稳定的非农职业或者有稳定的收入来源，因此原本属于自己的土地承包经营权让渡给其他农户，由其他农户履行相应的土地承包的权利和义务。转让可以部分转让或者全部转让，转让后，原承包户相应的土地承包经营权自然丧失。

3. 出租

出租是指承包方将部分或全部土地承包经营权，出租给其他人，可以是个人或者集体、企业等，并且，出租人向承租人收取租金。出租后原土地承包关系不变，原承包方继续履行原土地承包合同规定的权利和义务。

4. 互换

互换是指承包方之间为各自需要或者方便耕种管理，通过自愿平等协商，对属于同一集体经济组织的承包地块进行交换，同时交换相应的土地承包经营权。互换后，原土地承包合同规定的权利义务可由原承包者承担，也可随互换而转移，但如果转移了则须按规定办理相关手续。

5. 入股

入股是指实行家庭承包方式的承包方之间为发展农业经济，将土地承包经营权作为股权，自愿联合从事农业合作生产经营；或承包方将土地承包经营权量化为股权，入股组成股份公司或者合作社等，从事农业生产经营，承包方按股分红。

6. 抵押

抵押是指抵押人（原承包方）在通过农村土地承包方式取得物权性质土地承包经营权有效存在的前提下，以不转移农村土地之占有，将物权性质土地承包经营权作为债权担保的行为。在抵押人不履行债务时，债权人（即抵押权人）依照担保法规定拍卖、变卖物权性质土地承包经营权的价款优先受偿或以物权性质土地承包经营权折价受偿。

目前，《物权法》《农村土地承包法》规定：以拍卖等其他方式取得的"四荒"的承包经营权。可以抵押。但耕地、草地、林地等以家庭承包方式取得的土地不能通过抵押的方式流转。

另外，根据《中共中央关于全面深化改革若干重大问题的决定》"赋予农民对承包地占有、使用收益、流转及承包经营权抵押、担保权能"的精神，农村土地承包经营权抵押也将逐渐放开。

（三）农村集体建设用地流转

我国当前对农村集体建设用地使用权是流转，具有较强的限制性。《土地管理法》第六十三条规定："农民集体所有的土地的使用权不得出让、转让或者出租用于非农业建设；但是，符合土地利用总体规划并依法取得建设用地的企业，因破产、兼并等情形致使土地使用权依法发生转移的除外。"[①]

1. 出让

一般的，农民集体建设用地使用权的出让，主要是指在法律规定范围内，在农民群体自愿自发的前提下，将农民集体土地的使用权，和约定的年期内，转让给被出让者使用。接受出让的一方需向农民集体土地所有者支付出让金，或者若不以现金的方式，也可以用集体建设用地使用权作为实体资源，与被转让者以合作、联营等形式共同创办企业，双方按照彼此认同的比例，共享该收益。

2. 转让

农民集体建设用地使用权的转让，即将对农民集体建设用地的使用权，再次转移的行为，转让方与被转让方应在符合法律法规的要求下进行，该转

---

① 雷原. 土地资源管理实务全书（下卷）[M]. 北京：中国大地出版社，2007.

让指涉及农民集体土地的使用权，而不涉及所有权，农民集体土地的所有权仍然归农民集体所有，不因使用权的转让而发生变更。

3. 租赁

农民集体建设用地使用权的租赁，就是将农民集体土地的使用权，租赁给承租人使用，并约定相应的期限。在农民集体土地使用权的租赁期间，承租者须向出租者支付一定的租金。作为出租的一方，无论是国家还是作为农民集体用地使用权人的农民，收取合理的租金应该受到法律的保护。

4. 入股、合作、联营

入股、合作、联营是集体土地使用权流转的另外比较常见的形式，它们都是将农村集体土地的使用权要么以入股的形式，或者联营的形式与其他单位、个人合办企业，或经营性的组织，目的是在法律允许的前提下，获得更好的收益。

5. 抵押

农民集体建设用地的使用权还可以以抵押的方式进行流转，与其他财产抵押性质相同，在法律允许的范围内，在有必要的时候，该使用权的所有者有权将农民集体建设用地的使用权抵押出去，作为债务的担保，可以使抵押方获得一定的资金，进行投资或者建设。但是抵押行为不转移对集体建设用地的占有权。

第四节　土地产权违法行为的处理研究

一、土地违法行为的概念

土地违法行为是指，违反土地法律、法规规定，依法应当追究行政法律责任的行为。查处土地违法行为，必须以事实为根据，以法律为准绳，做到事实清楚、证据确凿、定性准确、处理恰当、手续完备、适用法律法规正确、符合法定程序和法定职责权限[①]。

二、土地违法行为的主要类型

土地违法属于严重的违法犯罪行为，我国民法和刑法都对此有明确的规

---

① 雷原. 土地资源管理实务全书（下卷）［M］. 北京：中国大地出版社，2007.

定，对于土地违法现象会进行严厉的打击。常见的集中土地违法行为包括土地侵权纠纷、违法出让土地、违法转让土地、违法竞买土地、不依法办理土地登记以及不依法交回土地几种类型。

（一）土地侵权纠纷

土地侵权纠纷是土地违法活动中较为严重的一种，性质恶劣，是对国家土地管理威严的挑战。一般地，对他人合法取得的土地权利的侵害，都属于土地侵权纠纷的内容。这一类侵权活动涉及人员较多，情况较为复杂，在查处方面有以下两种方式。

1. 行政调解

当侵权行为发生后，当事人应尽可能地采取行政调处解决，比如向土地管理的相关部门反映情况，及时做好情况登记，如果仍然不能解决纠纷，当事人应直接向人民法院提起民事诉讼，需要注意的是，当对行政处理结果不满时，要及时进行诉讼，一般是行政处理后的30日为期。

2. 民事诉讼

多数时候，行政调解的处理方式不能令被侵权人满意，而土地侵权行为适用民法中一般侵权行为的法规，因此进行民事诉讼是更好的选择。经法律判定后，被侵权人合法收回土地，包括侵权人在该土地上建造的建筑物或其他附属物。或者，如果被侵权人要求侵权人拆除其非法建筑物及设施，侵权人有义务拆除，如果造成被侵权人的经济损失或人身安全威胁，侵权人应依法承担相应的行政责任或者刑事责任。

（二）非法出让土地

土地的非法出让，包括违法出让国有土地和违法出让集体土地。一般地，违法嫌疑人在土地出让的过程中，存在徇私舞弊、滥用职权或者没有严格依据法律和国家的相关规定进行土地的出让活动等。

根据我国《刑法》："国家机关工作人员徇私舞弊，违反土地管理法规，滥用职权，违法批准征用、占用土地，或者违法低价出让国有土地使用权，情节严重的，处三年以下有期徒刑或者拘役；致使国家或者集体利益遭受特别重大损失的，处三年以上七年以下有期徒刑。"我国《土地管理法》对违法出让集体土地使用权作了明确规定："擅自将农民集体所有的土地使用权出让、转让或者出租用于非农业建设的，由县级以上人民政府土地行政主管部门责令限期改正，没收违法所得，并处罚款。"①

　　还有一类土地出让违法行为，包括国家公职人员在土地招标、拍卖和挂牌的方式中，有严重的违规操作，甚至擅自私下协议进行出让，以损害国家利益换取个人私利的行为都属于违法土地出让的范畴。对于此类行政管理人员，国家正在严厉清查，并会对玩忽职守、滥用职权的人员给予行政处分，构成犯罪的，依法追究刑事责任。

（三）非法转让土地

　　非法转让土地指的是，土地使用者在违背法律要求的条件下，对具有使用权的国有土地或农村集体土地进行土地使用权再转移的行为。根据我国《土地管理法》第六十三条"农民集体所有的土地的使用权不得出让、转让，或者出租用于非农业建设"的规定。对于非法转让土地使用权的行为，应按照《土地管理法》第八十一条、《土地管理法实施条例》第三十九条规定处理，对非法用地责令限期改正，对非法所得是款项等其他形式的利益予以没收处理，除此之外，还要对违法人的非法所得处以相应的罚款，罚款比例为其非法所得 5%～20%以下的罚款。

　　非法擅自转让国有土地或者农村集体建设用地的使用权的行为，违反了《城市房地产管理法）第三十八条、国务院 55 号令第十九条及第二十八条的规定，不具备法定的转让条件或未履行土地使用权出让合同约定的义务。对于这一类违法行为，应由其所在地人民政府土地行政主管部门进行处罚，没收违法所得，可以并处罚款。

（四）非法竞买土地

　　非法竞买土地涉及的金额较高、造成的影响较为恶劣，因此国家的土地管理和监管部门应对此类行为提起高度的警戒，对于违法人员和组织应进行严厉的打击。非法竞买土地，主要是指单位或者个人的竞买土地行为，存在不公平、不公正以及违背了诚实信用原则，手段较为低劣，对国家、社会、组织和个人，不仅造成了合法权利的损害，而且给国家和人民的经济也带来损失。尤其是一些公职人员，利用国家对他的信任以及赋予的权利，进行玩忽职守、徇私舞弊的违法行为，造国有土地使用权在招标出让中，猛兽验证的经济损失，由于这些人员暗箱操作，比如恶意串标、压低地价、排斥竞争

---

① 雷原. 土地资源管理实务全书（下卷）［M］. 北京：中国大地出版社，2007.

等卑劣行为，致使正常的土地竞买活动被破坏，而一些不法人员谋得私利。对于这类非法竞买土地的行为，一般会给予以下的处罚。

中标人、竞得人有下列行为之一的，中标、竞得结果无效；造成损失的，中标人、竞得人应当依法承担赔偿责任：

（1）投标人、竞买人提供虚假文件隐瞒事实的。

（2）中标人、竞得人采取行贿、恶意串通等违法手段中标或者竞得的。

（五）不依法办理土地登记

严格遵守国家规定进行土地登记工作，是每个公民的责任和义务，是保护国有土地安全的重要保障。有些人员出于各种各样的私利的诱惑，在对土地使用权出让、土地使用权转让、土地使用权出租、土地使用权抵押、土地使用权终止等行为中，存在不依法进行登记的行为。这些都属于违规违纪的行为，对相应的人员要进行处罚，并在当地人民政府行政主管部门的监督下，限期办理土地登记。

（六）不依法交回土地

我国土地分为国有土地和农村集体建设土地，对于那些通过出让或者转让的方式获得以上土地使用权的个人或组织，在期限到期时，应依法及时交回土地，否则的话，原批准部门，将请当地人民政府无偿收回该用地的使用权。

不依法交回土地的行为包括当事人拒不交出土地、不按照批准用途使用土地而被依法收回时拒不交出土地，闲置土地超过两年而被依法收回时拒不交出土地等行为。

第三章
土地地籍管理研究

土地管理以地籍管理为基础，地籍管理是国家进行土地管理的一项重要措施，管理主要涉及对土地的调查、统计、登记、评价等内容。通过进行地籍管理，能够为土地产权保护提供重要依据，也能为实施土地相关政策提供现实参考。本章主要对土地地籍管理展开研究，首先对土地地籍管理的内涵及基本理论进行分析，然后着重对土地调查、地籍调查、土地登记、地籍档案管理、地籍信息系统等展开全面研究。

第一节　土地地籍管理的内涵

一、土地地籍管理的含义

（一）地籍的含义

一般来说，土地的户籍即为地籍。地籍是与土地有关的簿册，对土地的基本情况进行记载，主要记载的内容包括土地的位置、土地的权属、土地的数量和土地的主要用途等。早期建立地籍相关的簿册主要与征收地税有关，簿册是按土地数量征税的主要载体。现在，地籍簿册不仅用于征税，还用来登记土地产权，统计土地面积，记录土地等级和主要用途等相关内容，即主要是对土地基本情况的概括与反映。

土地管理离不开地籍这一基础物质条件和基本资料，地籍能够提供与土地有关的基本信息，包括土地的空间位置、数量、质量等，这些资料信息是精确的，有法律依据，而且土地变化的动态性与连续性也能从地籍中体现出来。有关部门进行土地利用的组织管理和土地关系的调整都要离不开地籍这一客观参考依据。权属是地籍的核心，对土地纠纷的调解与处理、界址的恢复、地权的确认等往往都要以权属为依据，参考地籍及其权属等基础资料能够有效维护土地利益主体的合法权益①。

（二）土地地籍管理的含义

在土地资源管理中，往往将土地地籍管理作为一项最为基础的工作，这是一项技术工作，集权力、责任及服务于一体，直接关系着社会建设与经济发展。具体来说，土地地籍管理指的是国家为了获取地籍信息，按统一的要求，采用统一的方法与程序而实施行政措施、经济措施、法律措施以及技术措施等一系列措施体系的系统过程②。

二、土地地籍管理的原则

土地地籍管理是一项综合性工作，集法律、行政、经济、技术于一体，开展这项综合性工作，要贯彻以下两项重要原则，以保证地籍管理的顺利进行和最终效果。

（一）按照国家法律法规实施管理

在地籍管理中必须按照国家法律法规及相关制度开展工作，主要参考的法律依据是国家出台的与土地相关的法律，严格按照统一的法律制度进行管理，这里的统一主要体现为管理内容、管理要求、管理政策、管理方法、管理规格与标准等各方面的统一。国家统一规定土地地籍管理的内容与管理方法，统一要求采用什么样的图、表或卡等格式来登记地籍信息，登记内容、登记分类以及申报日期、程序等也要严格按照国家的统一要求和统一规定来落实。

（二）保证地籍资料的基本特性

在土地地籍管理中要保证地籍资料的以下基本特性。

1. 概括性和完整性

在地籍管理中首先要保证地籍资料的概括性与完整性。在属地管理的要求下，属地管辖范围内的全部用地，包括城市用地和乡镇用地，都属于该属地地籍管理涉及的地域范围，国家规定的资料内容应包含于地籍资料内容中，而且不同地区或地块的地籍资料不要出现重复现象，同一地区的同一空间地域范围的土地信息不要间断。

---

① 方芳. 土地资源管理 [M]. 上海：上海财经大学出版社，2006.

② 朱道林. 土地管理学 [M]. 北京：中国农业大学出版社，2007.

2. 系统性、连续性和实效性

在地籍管理中要保证地籍资料条理清晰，系统完整，不同时期的地籍信息应该是密切联系的，是动态变化的，不能出现中断现象。此外，要及时更新信息，将真实的土地情况如实反映出来。

3. 可靠性和精确性

地籍资料的可靠性和精确性也是地籍管理中必须考虑的要点。地籍资料与土地所有者、使用者的切身利益密切相关，政府只有掌握了真实的信息资料，才能有效调节不同利益主体之间的纠纷与矛盾，才能保护他们的合法权益。如果地籍资料不可靠，有纰漏，那么不仅原来的纠纷得不到处理，还会引起更大的土地纠纷，而且还会影响政府在土地管理中的判断与决策，造成严重的后果。

三、土地地籍管理的内容

土地是大自然中非常重要的资源，也是人类社会重要的生产资料，作为自然资源和生产资料的土地是地籍管理的对象。土地地籍管理的内容涉及面关，具体内容如图 3-1 所示。

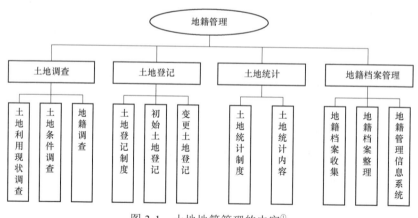

图 3-1　土地地籍管理的内容①

四、土地地籍管理的手段

土地地籍管理主要采用以下几种手段。

---

① 朱道林. 土地管理学［M］. 北京：中国农业大学出版社，2007.

（一）法律管理手段

权属是地籍的核心，权属管理自然就是地籍管理的核心。在权属管理中要顺利实施各项管理措施，就要注重对法律行政手段的采用。法律与行政手段的权威性很大，政府注重完善这方面的法律体系和行政措施，能够保证顺利落实地籍管理制度和相关政策措施。

近些年，我国地籍管理越来越科学化、制度化和规范化，这主要得益于国家对法律和行政管理手段的运用。现在，有关土地调查统计、土地登记等方面的制度条款已在《土地管理法》中设立，《土地登记规则》《土地利用现状调查技术规程》等土地相关法律法规也相继出台，土地法律不断健全，法律管理手段受到重视，法律程序也越来越完善，为土地地籍管理提供了重要的依据和武器。

（二）经济管理手段

经济管理手段也是地籍管理的重要手段之一，采用这一管理手段，要遵循市场规律，充分发挥税收、价格、信贷、奖罚等手段的作用，以顺利开展地籍管理工作。当前，我国在土地地籍管理中加大了经费投入力度，尤其是在地籍测绘、地籍权属管理中采用经济手段来确保顺利地、高质量地完成地籍管理任务。

（三）测绘管理手段

土地地籍管理具有工程技术性质，这是由土地的空间特性所决定的。正因为这一性质，所以在地籍管理中也常常采用一些技术手段，其中最基本的是地籍测绘手段。现在，测绘技术越来越先进，测绘手段也越来越多样化，这极大地提高了地籍测绘的效率和质量，测绘手段的实用性也越来越强。随着遥感技术、航测技术等先进测绘手段在地籍测绘中的运用，地籍管理成果将越来越可观。

（四）计算机管理手段

现阶段，我国地籍管理的发展呈现出自动化趋势，这主要与电子计算机技术在地籍管理中的广泛应用有直接的关系。基于计算机技术建立地籍数据库，加强信息化管理，能够大大提高采集与处理地基信息数据的速度，能够更加直观生动地绘制地籍图，并及时更新信息，提高土地地籍管理的科学化水平和现代化水平。

第二节　土地调查研究

一、土地条件调查

土地条件调查是土地调查的基础，在调查过程中着重调查土地的自然条件和区域社会经济条件，具体调查内容见表 3-1。

表 3-1　土地条件调查的内容[①]

土地条件调查	调查项目	具体调查内容
自然条件	地形地貌	（1）地貌形态 （2）坡向 （3）坡度 （4）高程 （5）……
	土壤	（1）土壤质地与养分 （2）土层构造与厚度 （3）土壤 pH 与障碍层 （4）土壤侵蚀 （5）……
	水文	（1）地下水调查（水流量、水质、埋深等） （2）地表水调查（年径流量、季节分布等）
	植被	（1）草层高度 （2）草类 （3）产草量 （4）草质 （5）植被群落 （6）……
	自然资源	（1）风能 （2）水能 （3）金属 （4）非金属矿 （5）……
	气候	（1）年降水量与蒸发量 （2）年日照时数 （3）≥0 ℃积温量 （4）湿度 （5）干燥 （6）……

---

① 沈彭. 土地管理工作实务 ［M］. 北京：中国大地出版社，2003.

续表

土地条件调查	调查项目	具体调查内容
区域社会经济条件	区位条件	（1）周围区域经济状况 （2）本区域与周围区域的经济关系 （3）本区域发展趋势 （4）……
	区域人口状况	（1）人口结构 （2）人口规模 （3）人口质量 （4）……
	区域交通条件	（1）公路便利性 （2）铁路便利性 （3）航空便利性 （4）水运便利性 （5）……
	区域经济发展状况	（1）国内与国民生产总值 （2）人均年收入水平 （3）人均年消费水平 （4）……
	区域技术发达程度	（1）生产技术在各产业类型中的应用 （2）引进与应用先进技术的状况 （3）……

二、土地利用现状调查

（一）调查内容

土地利用现状调查是土地调查的重要内容，这是一项全面性的土地资源普查，在全国范围内广泛展开，调查时以县为单位进行，能够将各地的土地利用情况查清，尤其是将不同类型土地的面积、分布情况、开发利用情况调查清楚，调查时要先以土地利用方式为依据对土地进行分类，然后分类进行全面调查。

除了调查各类土地的基本属性和利用情况外，还要将村用地和农业用地、林业用地、牧业用地、渔场用地、居民用地及工矿企事业单位用地的土地权属界线查清楚。

（二）调查程序

进行土地利用现状调查要有严格的计划和统一的程序，按照计划有序开展调查工作，基本步骤如下。

1. 准备工作

在准备阶段要做好以下基本准备工作。

（1）做好思想准备、组织准备和人员准备。

（2）对土地所在区域的基本情况进行调查，有基本的了解。

（3）将调查工具、仪器等准备好。

（4）将所需的图表资料、文字资料等收集整理好。

（5）认真完成调查任务申请书的编写。

（6）对调查项目方案和具体的调查计划予以制订。

2. 外业工作

外业工作主要是调查土地的地形要素、权属和用途等，见表 3-2。

表 3-2　外业工作的调查内容

调查项目	具体调查内容
土地地形	（1）地形状况 （2）地质状况 （3）地貌状况 （4）水文状况 （5）植被状况 （6）……
土地权属	（1）各级土地权属界线 （2）各级行政界线 （3）……
土地类型	（1）不同类型土地的界限 （2）不同类型土地的用途 （3）……

3. 内业工作

这一调查阶段的主要工作内容如下。

（1）航片转绘。

（2）采集与处理数据。

（3）测量计算面积，并进行汇总。

（4）编制图件等。

4. 成果验收

这一阶段主要是整理调查结果，仔细检查，并验收成果。

（三）调查成果

调查成果的内容主要涉及以下几个方面。

1. 数据成果

（1）地形图数据。

（2）土地权属界线图数据。

（3）地类界线图数据。

（4）行政界线图数据。

（5）各类土地面积汇总。

（6）各类数据统计资料等。

2. 图件成果

（1）土地利用现状图。

（2）土地权属界线图。

（3）地类界线图。

（4）行政界线图。

（5）各类专题图等。

3. 报告、文件等

（1）任务设计书。

（2）有关调查工作报告。

（3）有关调查技术报告。

（4）有关调查成果说明书。

（5）有关调查专题报告等。

三、土地调查设计案例——海南省临高县第三次土地调查项目技术设计方案

（一）项目概况

1. 地理位置

临高县位于海南岛西北部，地处北纬 19°34′～20°02′，东经 109°3′～109°53′。东邻澄迈县，西南与儋州市接壤，西北濒临北部湾，北濒琼州海峡，与雷州半岛隔海相望。县政府驻临城镇，距省会海口市 83 千米。

本项目位置如图 3-2 所示。

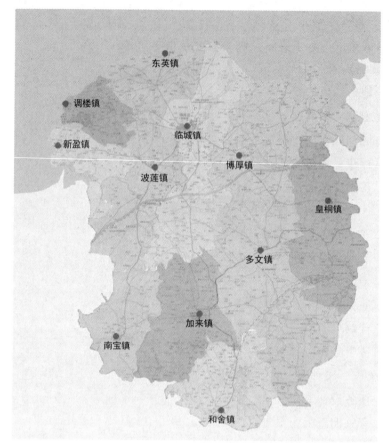

图 3-2 项目调查区域在海南省临高县位置示意图

2. 地形地貌

临高县地属琼北台地，地势平缓，自南向北缓慢倾斜。南与东南部为丘陵，中部及西北部为河积平原和海积平原。南部有马鞍岭、大寒岭、美郎岭、黑岭、美钦岭和白石岭；中部偏东有多文岭。北部有高山岭。各山岭的海拔均在 306 米以下。台地海拔在 50～100 米之间，坡度为 50°～150°。位于东江乡的马鞍岭，海拔 306 米为境内最高山峰。

境内主要河流有文澜江、东江河、马袅河、博厚水和文科溪。文澜河发源于儋州市境的马鞍岭，自南向北贯穿全境，全长 86.5 千米，集雨面积为 776.73 平方千米。其支流有加来河，全长 25 千米；尧龙河全长 25 千米。全长 26.5 千米。马袅河发源于境内的多文岭，全长 23.4 千米，流经多文镇、皇桐乡从马袅港入海。境内海岸线长 71 千米。

3. 自然资源

（1）临高县区域概况

全境东西宽 34 千米，南北长 47 千米，行政区域土地面积 1 317 平方千米。县城距省会海口 82 千米。辖 10 个镇、1 个农场（加来农场）、2 个开发区（金牌港经济开发区、临高角旅游度假开发区），176 个村（居）委会、880 个自然村，人口 51.5 万（截至 2018 年 8 月）。

（2）临高县气候

临高县属热带季风气候，境内高温多雨，光照充足。年平均气温 23～24 ℃，1 月平均气温 16.9 ℃，7 月平均气温为 28.3 ℃。年平均雨日为 135.9 天，降雨量为 1 417.8 毫米。

（3）临高县土地资源

临高县大部分土地属玄武岩风化发育而成的红壤土，其次是浅海沉积和河流冲积发育而成的砂质土，土层深厚，含有机质多，土壤肥力好，非常适宜于热带高效农业发展。临高县耕地面积 80 万亩，未利用面积 11 万亩。农业区划分为四个类型，中部平原台地区：宜发展粮食作物、水果和瓜菜生产；东部台地区：适宜发展热带作物、水果、蔗糖生产；南部丘陵台地区：适宜橡胶、胡椒等热带经济作物和水果生产；北部沿海平原地区：宜发展粮食作物和蔗糖、瓜菜生产。

（二）主要目的与任务

根据《土地管理法》《土地调查条例》有关规定，2017 年 10 月 8 日，国务院印发了《关于开展第三次全国土地调查的通知》（国发〔2017〕48 号），《通知》要求，从 2017 年第四季度开始第三次全国土地调查工作，到 2019 年 12 月 31 日标准时点结束。第三次全国土地调查工作是在第二次全国土地调查基础上，全面细化和完善全国土地利用基础数据，是服务供给侧结构性改革，适应经济发展新常态，保障国民经济平稳健康发展的重要基础；是促进耕地数量、质量、生态"三位一体"保护，确保国家粮食安全，实现尽职尽责保护耕地资源的重要支撑；是牢固树立和贯彻落实新发展理念，促进存量土地再开发，实现节约集约利用国土资源的重要保障；是推进生态文明体制改革，健全自然资源资产产权制度，重塑人与自然和谐发展新格局的重要前提。第三次土地调查与第二次土地调查相比，调查内容更加丰富，调查要求更加严格详细，调查技术更加先进，调查成果更加准确，调查成果应用将更为广泛。

三调作为一项重大的国情国力调查，目的是在第二次土地调查成果基础上，全面细化和完善临高县土地利用基础数据，直接掌握详实准确的临高县土地利用现状和土地资源变化情况，进一步完善土地调查、监测和统计制度，实现成果信息化管理与共享，满足生态文明建设、空间规划编制、供给侧结构性改革、宏观调控、自然资源管理体制改革和统一确权登记、国土空间用途管制等各项工作的需要。

在第二次土地调查成果基础上，开展临高县土地调查工作，按照国家统一标准，利用遥感、测绘、地理信息、互联网等技术，统筹利用现有资料，以正射影像图为基础，实地调查土地的地类、面积和权属，全面掌握临高县耕地、园地、林地、草地、商服、工矿仓储、住宅、公共管理与公共服务、交通运输、水域及水利设施用地等地类分布及利用状况；细化耕地、园地调查，全面掌握耕地和园地数量、质量、分布和构成；开展低效闲置土地调查，全面摸清城镇及开发区范围内的土地利用状况；健全土地资源变化信息的调查、统计和全天候、全覆盖遥感监测与快速更新机制。相较于第二次土地调查和年度土地变更调查，三调是对"已有内容的细化、变化内容的更新、新增内容的补充"，并对存在相关部门管理需求交叉的耕地、园地、林地、草地、养殖水面等地类进行利用现状、质量状况和管理属性的多重标注。具体任务包括：

1. 土地利用现状调查

土地利用现状调查包括农村土地利用现状调查和城市、建制镇、村庄（以下简称"城镇村庄"）内部土地利用现状调查。

（1）农村土地利用现状调查

以县、市为基本单位，以全省统一提供的调查底图为基础，实地调查每块图斑的地类、位置、范围、面积等利用状况，查清临高县耕地、园地、林地、草地等农用地的数量、分布及质量状况，查清城镇村庄、独立工矿、水域及水利设施用地等各类土地的分布和利用状况。

（2）城镇村庄内部土地利用现状调查

充分利用地籍调查和不动产登记成果，对城镇村庄内的土地利用现状开展细化调查，查清城镇村庄内部商服、工业、仓储、住宅、公共管理与公共服务和特殊用地等地类的土地利用状况。

2. 土地权属调查

将城镇国有建设用地范围外已完成的集体土地所有权确权登记和国有土地使用权登记成果落实在土地调查成果中，对发生变化的开展补充调查。

3. 专项用地调查与评价

基于土地利用现状、土地权属调查成果和国土资源管理形成的各类管理信息，结合国土资源精细化管理、节约集约用地评价及相关专项工作的需要，开展系列专项用地调查评价。

（1）耕地细化调查

对临高县耕地开展细化调查，分类标注，摸清各类耕地资源家底状况，夯实耕地数量、质量、生态"三位一体"保护的基础。

（2）批准未建设的建设用地调查

将新增建设用地审批界线落实在土地调查成果上，查清批准用地范围内未建设土地的实际利用状况，为持续开展审批后监管，促进土地节约集约利用提供基础。

（3）耕地质量等级调查评价和耕地分等定级调查评价

在耕地质量调查评价和耕地分等定级调查评价的基础上，将最新的耕地质量等级调查评价和耕地分等定级评价成果落实到土地利用现状图上，对评价成果进行更新完善。

（4）园地细化调查

对临高县园地开展细化调查，分类标注，摸清临高县主要经济作物的面积及分布状况，为农业产业规划、重要农产品生产保护区划定提供依据。

（5）自然资源调查

结合三调，查清临高县各类自然资源的分布、土地利用现状及权属情况，进行统计分析，夯实自然资源管理制度基础，支撑自然资源统一确权登记工作。

（6）农垦土地利用现状调查

结合农垦土地确权成果数据，全面查清农垦范围内的土地利用现状，进行土地利用现状地类统计分析，为农垦土地管理及改革提供准确的基础数据。

4. 土地利用数据库建设

（1）建立临高县土地调查及专项数据库

按照国家统一的数据库标准及建库规范，组织开展临高县土地调查数据库、耕地细化调查专项数据库、建设用地专项数据库、耕地质量等级和耕地分等定级专项数据库、园地细化调查专项数据库、农垦土地利用现状调查专项数据库建设，实现对城镇和农村土地利用现状调查成果、权属调查成果和专项调查成果的综合管理。以临高县各类数据库成果为基础，组织建设临高县土地调查及专项调查数据库，实现临高县土地调查成果和专项调查成果的集成管理、动态入库、统计汇总、数据分析、快速服务、综合查询等功能。

（2）建立临高县土地调查数据及专项调查数据分析与共享服务平台

基于土地调查与专项调查数据库，利用大数据及云计算技术，建设土地调查数据综合分析与服务平台，实现土地调查数据、专项调查数据与土地规划、基础测绘等各类基础数据的互联互通和综合分析应用，提高三调成果对管理决策的支撑服务能力。

5. 成果汇总

（1）数据汇总

在土地调查数据库和专项数据库基础上，逐级汇总各级行政区划内的城镇和农村各类土地利用数据及专题数据。

（2）成果分析

根据三调数据，并结合第二次土地调查及年度土地变更调查等相关数据，开展土地利用状况分析。对第二次土地调查完成以来耕地的数量、质量等级和等别、分布、利用结构及其变化状况进行综合分析，对城镇村庄等建设用地利用情况进行综合分析，评价土地利用节约集约程度。根据土地调查及分析结果，编制临高县三调分析报告。

（3）数据成果制作与图件编制

基于三调数据，制作系列数据成果，编制临高县系列土地利用图件、图集和各种专题图件、图集等，面向政府机关、科研机构和社会公众提供不同层级的数据服务，满足各行各业对三调成果的需求，最大程度的发挥重大国情国力调查的综合效益。

（三）总体技术路线与工作流程

1. 技术路线

第三次土地调查工作采用高分辨率的航天航空遥感影像，充分利用现有土地利用现状调查、地籍调查等基础资料及调查成果，以国家整体控制和地方细化调查相结合的原则，通过影像内业比对提取和3S一体化外业调查等技术，准确查清城乡每一块土地的利用类型、面积、权属和分布情况，采用"互联网＋"技术核实调查数据真实性，建立区级土地调查数据库。在此基础上，开展调查成果汇总与分析、标准时点统一变更以及调查成果质量抽查、评估等工作。总体技术流程图见图3-3。

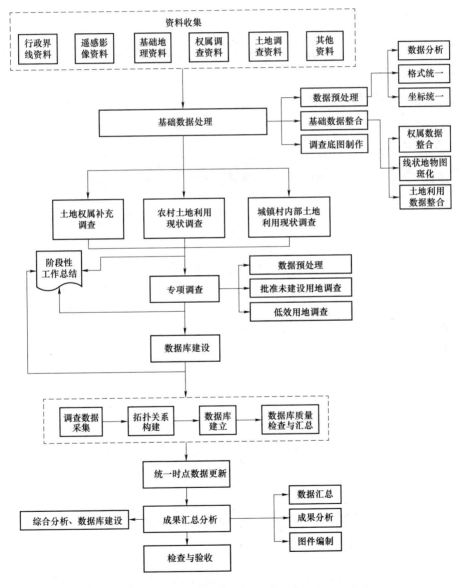

图3-3　总体技术流程图

2. 工作流程

根据第三次全国土地调查技术要求，收集整理土地管理等相关资料，按照城乡一体化数据库组织模型，融合权属和土地利用现状数据，形成调查基础库作为调查基础。利用土地调查软件开展内外业一体化调查，并根据不一致图斑举证要求，生成举证包，最后按照数据库标准建立第三次土地调查数据库。总体工作流程图见图3-4。

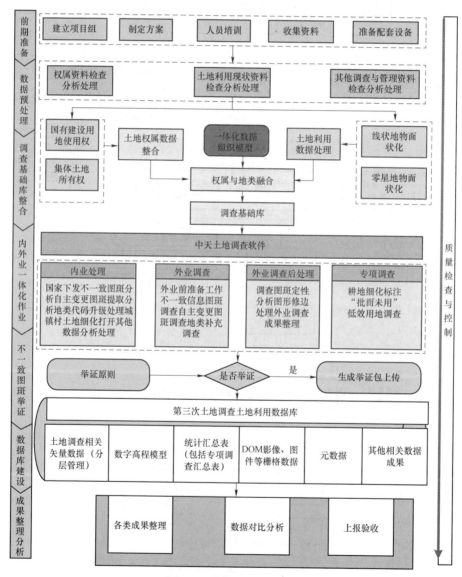

图 3-4　总体工作流程图

第三节　地籍调查研究

一、地籍调查的内容

地籍调查是依照法律程序，将每一宗土地的基本情况查清，包括其权属、位置、面积和主要用途等，然后汇总为各种调查资料（数据、图件等），从而为土地登记提供技术基础和客观依据。地籍调查的基本单位是被权属界址线封闭的自然地块，也就是宗地。

地籍调查的内容主要涉及以下两个方面。

（一）权属调查

地籍调查以权属调查为核心，着重调查土地权属单位的土地权源及其权力而及的位置、界址、数量和用途等。土地权属调查以界址调查为重点，它聚焦土地使用者最关心的问题，能够将土地位置及权属范围确定下来。在界址调查中必须严格按照法律统一程序来认定界址。

（二）地籍测量

对宗地基本情况（权属界址、形状、位置、规模等）的测定是土地地籍测量的主要任务，要完成这一任务，既要进行平面控制测量，又要进行细部测量。

一般来说，测定土地权属界址点和其他地籍要素平面位置，绘制基本地籍图和宗地图、测量与计算面积、汇总数据和统计成果等是地籍测量的主要工作内容。

完成土地权属调查后，要当即在调查表上记录调查结果，调查表有一个特殊的部分，那就是实地记录宗地位置、界址等基本情况的宗地草图，宗地草图一般都是现场绘制的，要求对宗地的界址线进行实时测量，并当即在调查表中记录界址线长度。地籍调查表（部分）的参考格式见表3-3。

表 3-3　地籍调查表^①

初始　　　　变更

土地使用者	名称	
	性质	
上级主管部门		
土地坐落		

法人代表或业主			代理人		
姓名	身份证号码	电话号码	姓名	身份证号码	电话号码

土地权属性质		
预编地籍号	地籍号	
所在图幅号		
宗地四至		
批准用途	实际用途	使用期限
共有使用权情况		
说明		

二、地籍调查的程序

（一）准备工作

1. 组织准备

开展地籍调查的市、县必须成立以主管市（县）长为首的地籍调查土地登记领导小组。成立地籍调查土地登记领导小组的同时，应在土地管理机构中设立专门办公室，负责组织实施。

2. 收集资料

（1）政策性和技术性文件。

（2）图件资料。

---

① 刘胜华，刘家彬. 土地管理概论［M］. 武汉：武汉大学出版社，2005.

（3）控制点成果及其有关资料。

除以上准备工作外，还要做好确定调查范围、地籍调查技术设计以及仪器、工具准备和人员培训准备工作。

（二）外业工作

外业调查是根据土地登记申请人（法人、自然人）的申请和对申请材料初审的结果而进行的权属调查，须经土地登记申请人的认定。

根据调查依法认定的土地权属界址和使用现状，必须按《城镇地籍调查规程》要求，进行实地的勘丈或测量，并确定各地籍要素的空间位置。

（三）内业工作

在外业工作基础上，进行内业地籍图编辑、宗地面积计算、面积汇总及编辑宗地图，输出地籍图、宗地图、界址点坐标册及面积汇总统计表，整理地籍档案资料。

（四）成果验收

检查验收实行作业人员自检、作业组互检、作业队专检，由上级主管部门验收的三检一验制。

自检按作业工序分别进行，每完成一道工序即随时对本工序进行全面检查。

互检主要检查项目与自检相同，先进行内业检查，后进行外业检查。内业检查出的问题应做好记录，待外业检查时重点核对，需纠正改动的，由检查人员会同作业人员确认后实施。

专检是指对经过自检和互检的调查成果进行全面的内业检查和重点的外业检查。

验收在三级检查的基础上进行。

第四节　土地登记研究

一、土地登记的含义

土地登记是指将国有土地使用权、集体土地所有权、集体土地使用权和土地抵押权、地役权以及依照法律法规规定需要登记的其他土地权利记载于土地登记簿公示的行为。土地登记是一项法律制度，它的根本作用是公示。

二、土地登记的意义

土地登记在我国社会经济发展和群众生活中意义重大，具体体现在以下几个方面。

首先，土地权属关系在土地登记中得以确认，土地的社会主义公有制及土地所有者、利用者的合法权益也受到维护和保障。

其次，土地权属变动关系也在土地登记中得到确认，使土地商品交易安全得到了保护。

再次，采用土地登记的法律措施能够严格监管房地产市场，这一监管作用主要在权属登记的办理中和审查房地产交易的合法性上体现出来。

最后，在土地用途管制中，土地登记是不可缺少的组成部分之一，对耕地资源的保护离不开土地登记。变更土地用途应当走相应的登记程序，有关部门对土地用途变更登记严格审核，不符合要求的将不予批准，这有利于保护耕地，使土地资源得到最合理的分配和利用。

三、土地登记的内容

土地登记的内容主要包括土地权属性质、土地权利主体与客体，见表3-4。

表3-4　土地登记的内容

土地登记的内容	具体内容	
土地权属性质	土地所有权	(1) 国家土地所有权 (2) 集体土地所有权（村、乡镇） (3) ……
	土地使用权	(1) 国有土地使用权 (2) 集体土地使用权
	土地他项权利	(1) 抵押权 (2) 地役权 (3) 租赁权 (4) 耕作权 (5) ……
土地权利主体	(1) 国有土地使用者 (2) 集体土地所有者 (3) 集体土地使用者 (4) 土地他项权利者	
土地权利客体	(1) 土地的位置、界址 (2) 土地的面积、等级 (3) 土地的价格、用途 (4) ……	

四、初始土地登记

（一）概念

初始土地登记一般是统治者取得政权后，通过立法对国内土地实行的第一次登记，它是指土地登记机关在同一时间内集中、统一登记一定范围的全部宗地的土地所有权和使用权及他项权利。

（二）程序

1. 准备工作

包括组织准备、行政准备和业务准备。

2. 申报

土地所有者、土地使用者等土地权力者按规定向土地登记机关提交土地权利状况及其他证明文件并请求予以注册登记。

3. 地籍调查

土地管理机关对申请登记的土地采取实地调查、核实、定界、测量、成图等措施，查清土地的有关情况，以便进行土地登记。

4. 权属审核

土地管理部门审核土地登记申请书、权源材料和地籍调查结果，决定是否准予对土地权属的登记。

5. 注册登记、颁发证书

土地管理部门按照政府对土地登记申请的批准意见，对批准土地登记的土地所有权、使用权或他项权利进行注册登记，并向土地权利人颁发证书。

五、变更土地登记

（一）概念

变更土地登记是日常土地登记，是对已经进行初始土地登记的宗地的土地所有权、使用权和他项权利发生变化而进行的变更登记。

（二）类型与程序

1. 变更土地登记的类型

（1）土地权属变更登记。

（2）他项权利变更登记。

（3）更名更址。

（4）土地用途变更。

（5）注销登记。

2. 变更土地登记的程序

变更土地登记的程序与初始土地登记的程序基本相同，可参考初始土地登记的程序。

（三）变更土地登记与初始土地登记的区别

初始土地登记和变更土地登记具有以下几方面的区别。

1. 集中与分散的区别

初始土地登记具有计划性、集中性，是在一定区域内统一开展的，土地申请登记的内容和时间是统一的，而变更土地登记是分散的、个别的，是零散进行的。个别土地初始登记内容发生变化后要重新进行改正登记。

2. 阶段性与经常性的区别

初始土地登记是定期开展的，具有阶段性，而变更土地登记是不定期进行的，具有经常性，这项工作在土地地籍管理中很常见，是土地管理部门经常性的工作，土地资源管理的现势性特征决定了变更土地登记的经常性。经过初始登记的土地，若土地权利人发生变化，要及时提出关于土地登记变更的申请，有关部门要及时审查和办理。

3. 其他区别

在初始登记中，土地所有者和土地使用者以宗地为单位分开申报登记，而在土地变更登记，尤其是土地权属变更登记中，失去了土地某项权利的一方或新获得土地某项权利的一方都可以提出变更土地登记的申请，不需要单独申报登记。

此外，土地初始登记的申报发生在政府发布通知或公告之后，而土地变更登记可由土地权利人随时提出申请，但要遵守法律规定，走法律程序。可见，初始登记的申报是被动的，而变更登记的申报是主动的。

第五节　地籍档案管理研究

一、地籍档案管理的内涵

（一）地籍档案

地籍档案是与地籍有关的数字、文字、声像、图表等各种形式的信息载体，它是一种客观见证和历史记录，具有参考和保存价值，其直接形成于地籍管理过程中。地籍档案具有以下几项基本特征。

第一，地籍档案是一种真实的历史记录，对国家土地管理部门开展地籍管理工作具有重要的参考价值。

第二，原始的地籍文件材料在具备一定条件后可以转化为地籍档案。

第三，地籍档案有多种多样的形式。

第四，有关地籍活动的信息被真实地记录在地籍档案中。

对于一个国家来说，档案是非常宝贵的财富，作为国家档案的一个重要组成部分，地籍档案是对土地基本情况的历史记录和客观反映，是国家有关部门依法进行土地管理的重要参考依据和客观凭证。进行土地管理、制订土地利用规划等都需要参考地籍档案。近年来我国土地管理的发展越来越规范化、科学化，这与我国地籍档案制度的不断健全有着重要的关联。

（二）地籍档案管理

地籍档案管理是围绕地籍档案所开展的一系列管理工作的总称，这些工作具体包括收集与整理、鉴定与保管、统计与利用等。在地籍档案管理中，要依照国家法律程序、遵循统一的管理原则和要求将土地管理部门的地籍档案管理好，从而为有关部门开展相关工作提供基础条件和重要服务，这是地籍档案管理的基本任务。

二、地籍档案管理工作的内容

地籍档案管理工作具有很强的业务性和鲜明的综合性，具体管理内容涉及以下几个方面。

（一）收集

不同机关单位、一些社会团体或个体手中或多或少掌握一些地籍文件材料，收集这些分散的材料并集中加以保管是地籍档案收集的关键。在地籍档案材料的收集过程中应重点对以下几种来源的地籍档案予以接收：

（1）土地管理过程中形成的地籍档案。

（2）分散在社会上的地籍档案。

（3）撤并机关移交的地籍档案。

（二）整理

将档案资料全部收集之后，要进行系统整理，一般以分类整理为主，整理时要将土地档案卷宗和地籍档案的分类系统作为主要参考，同时要考虑各类档案的相互关联，尤其是历史联系。只有进行分类整理、系统整理，才能更好地将地籍工作的真实情况反映出来，并为档案的保管和使用提供便利。

整理地籍档案要按以下步骤进行：

（1）组卷。

（2）整理卷内文件。

（3）填写案卷封面。

（4）案卷装订。

（5）排列案卷。

（6）编制案卷目录。

（三）鉴定

地籍档案的鉴定主要包括以下两方面的工作内容。

第一，判断与确定各种地籍档案的价值，剔除甚至销毁已经没有价值的地籍档案，将有价值的地籍档案挑选出来，根据其作用大小进行分类保管，并将各类档案的保管期限确定下来。

第二，对地籍档案的密级等级予以划分和确定，要将其保密程度和允许提供利用的范围作为划分等级的主要参考依据，对不同密级等级的档案进行分类管理，便于以后提供利用。

失去价值的地籍档案不需要再保管，否则会造成资源的浪费，鉴定工作可以避免这种浪费，在坚定的基础上做出取舍，对各类档案的密级等级、保管价值及保管期限要做到心中有数。

（四）保管

为了预防地籍档案损坏，维护其安全与完整，使其寿命更长久，有必要做好地籍档案的保管工作，这项工作主要从以下几方面开展。

1. 建设库房

地籍档案数量多，在土地地籍管理中要频繁使用这类资料，所以有必要建设库房来专门保管。建设库房要注意满足卫生环境良好、温度和湿度适宜、安全防护措施到位等基本要求。建好库房后，要对库房中保管的档案定期进行清理核对，库房账簿与实物要相符。库房保管的具体方法是分库管理，整体摆放档案柜，为库房编号，这样存取和利用档案都比较方便，而且便于统计和整理。

2. 档案流动中的保护

地籍档案管理是一个动态的过程，在档案流动中要做好保护工作，将安全防护措施贯穿于各个管理环节。在收集与整理、鉴定与统计以及使用地籍档案的过程中，或多或少都会受到一些因素的干扰，档案的安全性和完整性受到威胁，因此在档案的整个流通性管理中都要加强保护，将此作为档案保管的一项重要任务。

3. 分类采用技术措施

保管地籍档案也是为了使其寿命长久一些，能够长期使用，所以要及时修补损坏的档案，并采用相应的技术措施有针对性地妥善保管各类档案，如采用卷盒、卷皮等材料保管一般档案，采用胶片夹、密封盒、影集等保管特殊档案（如胶片、照片、磁带等）。

（五）统计

统计地籍档案能够将地籍档案工作的实际情况真实反映出来，统计和登记是密不可分的。统计形式有表格、图册、数字等多种形式。档案统计工作要经常开展，这样才能对档案的数量、质量及其提供利用的实际情况有及时的了解。

（六）提供利用

在地籍档案管理工作中，提供利用是一项中心任务。整个地籍档案工作的进展和档案管理的发展都直接受档案利用的影响。在做好档案管理的基础工作之后，就可以有序开展提供利用工作。地籍档案提供利用具体有以下几种方式：

（1）档案原件外借。

（2）档案证明编写。

（3）设置阅览室提供查档服务。

（4）提供档案副本。

第六节　地籍信息系统研究

一、地籍信息系统建设

地籍信息是指与地籍管理有关的资料，信息系统建设是地籍信息管理的关键，其主要步骤如下。

（一）准备工作

成立信息系统建设领导小组和实施机构，落实资金。

（二）需求分析

1. 系统调查

了解地籍信息系统的信息形式、信息量和信息流程，弄清具体要求。

2. 系统分析

经过综合分析，确定以下内容：

（1）确定结构设计和行为设计的策略。

（2）确定信息实体和各实体的属性以及实体之间的联系。

（3）明确系统处理的目标、范围和内容。

3. 技术准备

有关设备选型（硬件、系统软件和应用软件）及技术管理人员的选调和配备。

4. 编写报告

编写现状调查报告、系统要求和系统需求分析报告。

（三）总体设计

编制总体设计方案，方案包括以下内容：

（1）系统目标、功能、机构、信息流程、系统结构。

（2）大型设备选型、支撑技术和软件选择。

（3）系统投入。

（4）系统风险评估。

（5）系统实施方案。

（四）逻辑设计

（1）分解总体设计的目标。

（2）制定设计编码。

（3）制定数据接口流程。

（4）确定系统联结方式。

（五）详细设计

（1）划分系统模块。

（2）制定模块接口。

（3）提出实现方法。

（六）建立数据库

（1）制定数据库建立规范。

（2）组织人力进行数据编码及标准化。

（3）数据输入与检校。

（七）编程和调试

（1）编写程序代码。

（2）完成指定功能。

（3）调试程序的正确性和容错能力及速度。

（八）系统集成

（1）核心是信息的集成，具体进行软件集成、硬件集成、网络集成。

（2）进行界面一次性设计，完成服务器数据及处理控制。

（九）系统运行维护

及时修订系统运行中的问题，完善系统整体性能。

二、地籍信息系统中的档案管理系统

对地籍管理中已归档的数据、图表等资料进行案件管理，基本操作包括录入、查询、打印、修改等。

（一）建档录入

输入已归档资料的全宗号、目录号、分类号、卷宗号以及案卷目录、卷内目录有关内容，如地籍号、土地使用者、土地坐落、各类案件资料的名称、建立的起止年代、页码、备注等。

（二）借阅登记

方便快捷的借阅归还管理，调档时，输入借阅部门、借阅人、调档人、调档内容、借阅时期；归档时，输入归还部门、归还人、归还日期、归档人等。

（三）档案查询

根据地籍号、土地使用者名称、土地坐落查询某宗地的案卷号、架位、档案资料目录、借阅以及归还情况等。

（四）档案统计

按年度、季度、月统计档案数量、库存量、调档情况、借调次数等情况。

第四章
土地利用管理研究

土地利用管理是土地管理的重中之重，是土地资源管理最核心的部分，对土地科学合理的利用是一个发展中的过程，需要随着国家的发展和社会的变迁而及时适应和调整。本章将从土地利用管理的内涵、土地利用的分类管理研究、建设用地的管理研究、土地利用生态保护管理研究、土地利用检测研究展开分析，并将海南省作为一个研究重点，对海南省土地资源可持续利用研究进行了深入的剖析。

第一节　土地利用管理的内涵

土地利用管理是一个常谈常新的研究课题，对土地的利用关系到国家资源的可持续发展、城市建设以及粮食安全等许多重要的方面，本节将对土地利用管理的概念、原则和特点进行详细的阐述。

一、土地利用管理的概念

土地利用管理是土地管理最基本的组成部分，是国家对土地资源在宏观上进行调控，在微观上实施管理的具体体现。通过一系列法律、经济、技术以及必要的行政手段，国家对土地利用的结构、布局和方式进行全面的管理，既包含着对土地资源合理利用，同时也是对土地资源进行必要的保护，使我国的土地资源能够在相对稳定的动态平衡中保持可持续的发展和利用。

二、土地利用管理的原则

土地利用管理是一个长期的、复杂的过程，因此必须建立管理的原则，以保障管理工作的稳定进行。一般地，土地管理的主要原则有以下几个方面构成：

（一）国家利益优先原则

土地资源作为国家最重要的自然资源之一，不仅关系着国家的领土安全，还关系到粮食安全、国际政治、经济发展等诸多方面，因此，在土地利用管理工作中，应当首先以国家利益置于首要位置，并且争取处理国家、集体和个人的关系。

（二）协调发展原则

土地管理工作不是孤立地问题，它和环境、生态、经济、民生等很多问题息息相关，因此在管理的过程中，应该注意协调以上几个方面，目的是通过对土地利用的科学管理，可以让社会效益最大化。在土地利用管理中，既不会破坏生态环境，还对社会经济发展起到重要的支持作用，从而使国家和人民的利益得到最大的保障。

（三）科学管理原则

土地利用管理实际上包含着许多科学问题，比如气候、环境、化学、资源、植物学、动物学等许多学科，如果想要实现对土地利用的科学化、现代化管理，必须要理论与实际相结合，利用先进的科学技术和前沿思想，大胆借鉴全新的管理理念，将我国的土地利用管理提升到新的高度，使其与国家、社会和时代的发展步调相一致。

三、土地利用管理的特点

土地利用管理是国家层面对国家重要资源管理的一个重要组成部分，具有强制性、严肃性、权力性等几个特点。

（一）强制性

土地管理的强制性管理是指，国家依据土地利用总体规划，对土地利用做出明确的指导和规定，包括土地利用的分类，不同用途土地的使用期限、对土地用途转变的许可，以及对土地用途限制许可或不许可的规定等，都是通过法律或行

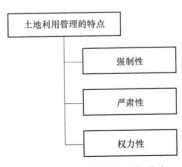

图 4-1　土地利用管理的特点

政手段进行的，具有强制性的特点。

（二）严肃性

国家对土地利用管理的要求一经批准，就具有法律效力，任何组织和个人都必须按照规定严格执行，对土地进行合理的利用，不准擅自违反规定，否则将属于违法行为，会受到法律的制裁。由此可见，土地利用管理具有较强的严肃性特点。

（三）权力性

实行土地利用管理的主体是各级人民政府，而代表政府具体行使土地利用管理权力的，是各级政府的土地管理部门。国家通过法律途径赋予土地利用管理部门高度的权威性，因此，土地管理具有较强的权力性特点。

第二节　土地利用的分类管理研究

土地利用的分类管理是对土地利用管理工作的进一步细化，是保障土地高效利用的重要条件，根据土地利用的不同用途进行分类，以及规范相应的管理方法，是本节重点研究的内容。

一、土地利用分类的目的

根据土地用途的不同，将土地进行科学合理的分类，在可持续发展的前提下，为了让土地的价值得到最大程度的发挥，对不同分类的土地进行专门的管理，是研究土地分类的最终目的。

地球上的土地资源是人类以及其他生物赖以生存的重要根基，不仅如此，对土地等自然资源的科学利用，还将关系到地球生态的健康与否。然而，土地资料非常丰富，这使得对土地利用的分类工作显得格外重要。通过运用科学的方法，按土地的不同特性，以及国家和人民的需要，将土地资源进行合理的分类，是对土地管理工作的重点内容之一。通过土地评价并制订土地利用规划，将土地资源的管理工作进行持久的研究，将对国家的全面振兴，实现第二个百年计划具有深刻意义。

总之，土地利用分类的目的主要是切实掌握土地资源状况，配合国家的发展战略，在农用地、建设用地以及其他用地方面实现深度的协同发展，促进我国的土地利用管理工作实现科学化、系统化、现代化的发展征途。

二、土地利用分类的内容

我国的土地利用分类一般可分为农用地利用、建设用地利用和其他用地利用三个方面。我国历史上农业文明较为发达，对土地的研究与利用大多集中在农业的范畴内，对世界农业文明的发展作出了突出的贡献。因此，我国在农用地利用及管理方面具有深厚的研究。其他用地利用尽管包含的类别较繁琐，但是就我国土地利用的整体而言，所占比例较小，还有待日后进一步的发掘和研究。建设用地的管理则主要是从新中国成立后开始重点开展起来的，建设用地的管理将关系到国家新时期的发展进程，因此将在下一节专门进行阐述。本节将主要接受农用地利用和其他用地利用的相关研究。

（一）农用地利用管理

农用地利用是指，人类依据农用地的自然属性和社会属性，进行有目的地开发、利用、整治和保护活动的总和。土地利用的最终目的是实现土地的生产属性和劳动属性的最大化，为社会提供更加丰盛的物产。

农用地利用大多数都是生产性利用，比如通过耕地、造林、园地、林地、草地等所有的农用地的利用活动。农用地利用管理工作是由国家土地管理部门直接负责。通过有效地调整土地关系，合理地组织农用地的有序开发、科学利用，在遵循自然发展规律的基础上，不断提升和改进我国农用地利用管理工作的水平，使之符合我国社会当前发展的需要，确定农用地的结构与布局，不断地优化农用地的配置，使之与现代社会生产力水平相一致，并通过行政、经济、法律和技术的相关措施得以实现。

1. 耕地利用管理

（1）耕地利用管理的原则

我国是农业大国，国家对我国农业的发展始终都非常重视，不仅是因为我国作为人口大国，粮食安全是国家安全的重要组成，因此，对耕地利用的管理须给予足够的重视。我国耕地利用管理的总原则就是实现耕地总量的动态平衡，在保证耕地总量不减少的同时，还要保证耕地质量不降低。尽管伴随着社会发展，农业污染、农药滥用、环境恶化等问题不断地冲击着我国耕地数量和耕地质量的标准。但是国家多次强调，并将合理利用土地和切实保护耕地作为我国的一项基本国策。

（2）耕地利用管理措施

任何建设占用耕地都必须履行开垦耕地的义务。在制定土地利用规划时，最重要的是要结合当地土地情况，尤其是当地土地资源的特性，切实制定开垦耕地的区域和时间。任何占用耕地的组织、企业或个人，都履行开垦耕地的义务，开垦资金要落实，而且要保证开垦耕地的质量，不能胡乱开垦，不能违背当地生态环境建设的总体要求，杜绝一切的乱开滥垦的行为和现象。大到国家重点工程建设，包括国家投资的能源、交通、水利、国防军工等大型基础建设，小到乡镇企业占地、农民自住房占用耕地等，凡是占用耕地的，都必须履行开垦耕地的义务，与其他建设一样，确保建设占用耕地与开垦耕地保持动态的平衡。

对于没有条件开垦耕地的，可缴纳耕地开垦费，交由政府的土地管理部门帮助完善开垦耕地的义务。如果可以自行开垦，但是开垦耕地的质量没有达到规定的指标，也需要缴纳开垦费，由政府代为开垦。

在耕地的管理中应尤其注意以下几点。

① 任何人不允许破坏耕地。包括在耕地上建窑、建坟、建房、挖砂、采石、取土、烧砖等。

② 不允许将耕地闲置。

③ 保护耕地人人有责。包括减少农药的使用，防止土壤污染等。

④ 要科学施肥，增施有机肥，提高土壤的有机质含量。避免或者减少耕地的板结现象。

⑤ 禁止在耕地周围兴建具有污染性的工厂。包括造纸厂、电镀厂、印染厂等，禁止向农田排放城市垃圾、污泥以及工业废水等。

2. 园地利用的管理

（1）园地的概念

园地一般是指果园、茶园、橡胶园等，以种植采集果、叶、根、茎、汁等为主的集约经营组织。

（2）园地利用管理的措施

① 严格限制园地转为非农业建设用地。

② 搞好园地规划布局，促进耕地开发，从而保障我国的粮食安全。同时，通过科学合理的布局，还可以改善沙尘暴等扬沙现象，防止河道干涸等水土流失从而不断地改善生态环境。

③ 改造低产园地。

④ 搞好集约经营。

3. 林地利用管理

（1）林地的概念

以生长乔木、竹类、灌木为主的土地，以及沿海生长红树林的土地，都可称为林地。包括迹地，不包括居民点内部的绿化林木用地、铁路、公路征地范围内的林木，以及河流，沟渠的护堤林[①]。但是居民生活社区内的绿化林木不属于林地的范畴。林地是国家重要的自然资源和战略资源，是森林赖以生存与发展的根基，对维护国土生态安全、应对全球气候变化具有重要的作用。

（2）林地利用管理的原则

林地管理的原则为：总量控制、定额管理、节约用地、合理供地、占补平衡。

（3）林地利用管理的措施

① 严格限制林地转为建设用地。

② 严格控制林地转为其他农用地。

③ 严格保护公益林地。

④ 加大对临时占用林地和灾毁林地修复力度。

4. 草地利用的管理

（1）草地的概念

草地是指生长草本植物为主的土地，包括天然牧草地[②]。草地是农用地的重要组成部分，也是人类开展畜牧生产的基本且必要的生产资料，草地还是保护生态系统稳定、维持自然界中物质和能量流动的重要枢纽之一。

（2）草地利用管理措施

我国的草地分布广泛、面积辽阔，居世界第二位，因此草地是我国重要的自然资源。但必须指出的是，我国的草地面积尽管占尽优势，但是草地的质量较低，多数是位于干旱半干旱地区的天然草地，因此产草量较低，且不稳定，难以形成可持续法资源基础，更重要的是，由于地球生态环境逐渐恶劣，且缺乏相应的管理，我国的草地存在严重的退化问题。在这样的大背景下，搞好草地的开发利用、改良和建设，是目前草地管理的重要任务，通过

---

① 土地利用现状分类：GB/T 21010—2007［S］.

② 土地利用现状分类：GB/T 21010—2007［S］.

不断完善草地的养护和发展，将对促进我国草地畜牧业发展具有积极意义，同时，优良的草地地貌还具有维护生态平衡的重要作用。

因此，在具体的草地利用管理中，应遵循以下两个原则。

① 依法治草，落实草原管理承包责任制。

② 做好草地保护，防止草地退化。

（二）其他土地利用管理

1. 工矿用地

（1）厂矿用地

矿石场、砖厂、仓库等占用的土地属于厂矿用地。厂矿用地仅仅是以上所述用途的用地，哪怕是厂矿企业的农副业生产基地也不应计算在内。

（2）油田

为开采石油而直接占用的土地。非直接油田用地，如油田范围内居民用于农、林、牧、渔业生产的土地均不能属于油田用地。

（3）盐场

指以经营盐业为目的的沿海或内陆盐田。

（4）其他工矿用地

上述三项以外的工矿企业用地。

2. 交通用地

指城乡居民点范围以外的交通用地，包括路旁树冠宽度不足十米的护路林。

（1）铁路

铁路线路及场站用地均属于铁路用地。包括路堤（路堑）、道、沟、取土坑和宽度不足 10 米的护路林。

（2）公路

国家和地方公路。包括路堤、路堑、道沟和宽度不足 10 米的护路林。

（3）农村道路

指农村地区的固定道路。

（4）机场

指民用飞机场及附属设施用地。

（5）港口、码头

指民用港口、码头及其附属设施用地。

3．水域用地

水域用地是指内陆水城、领海和水利设施用地。其中水产养殖面积，指内水域和领海中已用于人工水产养殖的面积。

（1）河流

指河道常年高水位时的实际水面，包括常被水淹的河滩地，但不包括河堤。

（2）湖泊

一般指天然形成的较大积水地在常年高水位时的实际水面，包括经常被水淹的湖滩地。

（3）水库

指人工修建蓄水量在 5 000 立方米以上的最大蓄水面积。

（4）坑塘

指天然形成或人工修建的，置水量在 5 000 立方米以下的水面。包括塘愿蒂水池和鱼塘等，一般以塘堰边缘为界。

（5）苇地

指集中连片生长芦苇的土地。

（6）海涂

指沿海位于海水大潮高潮位和大潮低潮位之间的地域。

（7）领海

指位于海水大潮低潮位以外属我国境内的海域。

（8）沟渠

指人工修建用于湘溉、排水或发电的同定渠道或沟道，不包括耕地、园地、草地内的临时沟察。

（9）堤坝、水工建筑

指用于防洪、涝、潮汛灾害的堤坝和大型水利工程的建筑物占地。

4．特殊用地

（1）国防用地

使用于军事目的的土地，包括军用机场、打靶场和城镇以外的营房驻地。不包括部队从事工农业生产的土地。

（2）名胜古迹区、疗养区

指省以上人民政府专门划定的名胜古迹风景游览区、历史文物保护区和疗养区的土地。

（3）自然保护区

指经国家批准，为保护自然环境而划定的区域。不包括以森林为主的自然保护区。

5. 难利用土地

（1）裸地

指表层为土质，天然植被覆盖度在 15%以下或木本植被在 10%以下的土地，包括侵蚀、崩塌沟坡等。

（2）裸岩、石砾地

指表层为石砾或岩石，天然植被覆盖度在 15%以下的土地。包括石山、露岩地、戈壁滩等。

（3）沙地

指表层为沙质，天然植被覆盖度在 15%以下或木本植被在 10%以下的土地。但不包括河流、湖泊、海涂面积内的沙地。

（4）沼泽

指土地表层经常过于潮湿、生长湿生植物的土地。

（5）盐碱滩

指地表盐碱聚积，很少植被或只生长耐盐植物，暂时不能用于农业生产的土地。

（6）其他

指不在以上各项内的难利用土地，如冰川、雪山苔原等。

第三节　建设用地的管理研究

建设用地的管理是我国当前社会发展的重要一环，是实现经济稳步增长、完成强国发展的重要组成部分。国家的发展与建设首先离不开土地资源，尤其是对建设用地的管理工作应紧密跟随国家未来的发展战略。因此，建设用地的管理是与时俱进的，是在发展中不断演进的，那么就需要对建设用地管理的涵义、意义和具体的规划有着清晰的认识。

一、建设用地管理的涵义

（一）建设用地的概念

提到建设用地管理，必须先明确建设用的概念，一般地，建设用地是指以利用土地承载力和建筑空间为主要目的的用地方式。通常的建筑物、土木工程所使用的土地都属于建设用地。

（二）建设用地管理的概念

建设用地管理是指国家调整建设用地关系，合理组织建设用地利用而采取的行政、法律、经济和工程的综合性措施。目的是提高建设用地的供给和高效利用，并保障建设用地与耕地的动态平衡的关系，实现可持续发展。

二、建设用地管理的特性

（一）保障土地功能的有效发挥

建设用地的重要特性之一，就是利用土地的承载功能而建设建筑物和构筑物，为人们提供生产和生活的场所，用于存放生产所需的原材料和产品等。因此，对建设用地的审批，主要是考察地块的地质是否坚固，避免沙地、湿地等，以保证建设用地使用的稳定性和可靠性。

另外，在选择和划定建设用地时，还要考虑该地块的非生态性特点。因为，建设用地指利用土地的承载功能，而不需要土地的生产功能，因此，应保留具有较强生产功能、水土条件好的土地用于农用地，而不是建设用地。只有这样，才能做到土地的科学利用，以发挥出土地的更大效益，并保证耕地的总量。

（二）对土地利用逆转的把控

建设用地一旦投入建设生产，那么就意味着它会使用很长时间，因为建造的建筑物、构筑物的成本高昂，且使用年限至少在 40 年起，一旦建成，就会持续使用很多年。这就意味着建设用地逆转为农用地将较为困难。由于建设用地的这一特点，在规划土地用途的时候，如果是将原来的农用地转变为建设用地，要极为谨慎，做好周全的考虑。但是农用地转变为建设用地相对就简单很多，只要土地具有所需的承载力，很快就可以用于建设用地。也就是说，只要规划允许，农业用地转变为建设用地相对的简单容易，但要使建设用地转变为农业用地，则较为困难，这就是建设用地利用逆转的困难性的主要体现。

建设用地具有再生性的特点，它可以从现有的建设用地中经过再开发而重新获得。即一块建设用地可以经过开发和重新布局而成为具有新的用途，这也是提高土地利用率的方式之一。通过科学合理的规划，有效地将逐渐失去使用价值的建设用地转变为能带来更高社会效益和经济回报的新的建设用地，是建设用地管理需要重视的工作。

（三）促进发展集约型建设用地

由于建设用地在建设完成时会产生更高的经济效益，而农用地的经济效益相对是有限的，一般是以售卖种植的农作物为主，包括粮食、蔬菜、水果、茶叶等。但是，农用地或未利用地变为建设用地之后，可以带来极高的经济回报，有时能引起地价的上升，比如涨十倍、几十倍都有可能，除了住宅楼之外，还可以通过兴建商用的写字楼、商场、游乐园等，产生的经济效益远远高于农用地，这就是建设用地的集约性的体现。

（四）区位选择是关键

区位对建设用地具有重要的影响作用，不同的用途要选择不同的区位，才能产生应有的作用和价值。比如，将临街的区位选为商用则便于吸引人流，刺激消费，带来更高的商业回报。若选为居住建设，临街必然会有熙熙攘攘的人群经过，不利于社区安静环境的打造。对居住用地来说，既要处于交通便利的中心位置，又能够闹中取静，让居住在里面的人能够享受恬静的生活。

三、建设用地管理的内容

（一）建设用地规划管理

1. 建设用地规划管理的概念

建设用地的管理首先体现在对土地利用的规划，根据国家发展的需要，由人民政府指定的土地管理部门对相应区域内的土地根据发展趋势，以及本地区的土地特性，进行科学的划分。建设用地规划管理的概念为，根据规划法律法规和已批准的规划，对规划区内建设项目用地的选址定点和范围的规定，总平面审查、核发建设用地许可证和土地使用证等各项管理工作的总称。

2. 建设用地规划管理的内容

建设用地规划管理的内容包括土地用途管制、建设用地定额管理和建设用地总量控制等。

（1）建设用地用途管制

对建设用地的管制其实是对土地利用进行分区，主要涉及农用地转用审批制度、建设用地用途转用审批制度、禁止供地与限制供地制度。

（2）建设用地定额管理

通过用地定额指标来管理建设用地的方式就是建设用地的定额管理。建设用地定额指标是建设项目评估、编审项目建议书的依据，也是确定建设项目用地规模、核定审批用地面积的尺度，对项目建设用地的管理和监督具有指导作用。

（3）建设用地总量控制

国家为防止建设项目乱占农用地，因此对建设用地的总量实行一定的限制制度，使我国的用地结构保持在良好的平衡状态。由于我国人多地少，尤其是可耕种地资源并不富足，因此必须对建设用地总量进行控制，其根本目的和作用就是防止建设项目大量占用耕地，从而可能会威胁到国家的粮食安全问题。

以城市建设用地为例，居住用地、公共管理与公共服务用地、工业用地、交通设施用地和绿地五大类主要用地规划占城市建设用地的比例宜符合表 4-1的所示。

表 4-1 规划建设用地结构

类别名称	占城市建设用地的比例
居住用地	25%～40%
公共管理与公共服务用地	5%～8%
工业用地	15%～30%
交通设施用地	10%～30%
绿地	10%～15%

（二）建设用地计划管理

1. 建设用地计划管理的概念

建设用地规划是国民经济和社会发展计划中土地利用计划的组成部分，通过加强对建设用地的宏观调控可以促进土地资源的高效利用，并以当前社会发展需要和产业政策为重要依据，将我国的建设用地管理提升到新的高度。完整的建设用地计划体系包括年限较长的土地利用总体规划、五年用地计划和年度用地计划的规划、计划体系。目前，实践中应用较多的是土地利用总体规划和土地利用年度计划。

2. 建设用地计划管理的内容

（1）新增建设用地计划指标

新增建设用地包括建设占用农用地和未利用地。新增建设用地计划指标，是依据国民经济和社会发展计划、国家宏观调控要求、土地利用总体规划、国家供地政策和土地利用的实际情况确定的，包括新增建设用地总量和新增建设占用农用地及耕地指标。新增建设用地计划指标实行指令性管理，具体分为城镇村建设用地指标和能源、交通、水利、矿山、军事设施等独立选址的重点项目建设用地指标两大类。

（2）土地开发整理计划指标

土地开发整理补充耕地计划，按照补充耕地来源分为土地整理复垦补充耕地和土地开发补充耕地两类。

土地开发整理补充耕地计划指标，包括建设占用耕地占补平衡任务和使用新增建设用地土地有偿使用费等补充耕地。

土地开发整理计划指标依据土地利用总体规划、土地开发整理规划、建设占用耕地、实现耕地保有量目标等情况确定。

（3）耕地保有量计划指标

耕地保有量计划指标依据国务院向省、自治区、直辖市下达的耕地保护责任考核目标确定。耕地保有量计划指标的完成情况直接与建设用地指标挂钩。耕地保有量计划指标不能完成的，相应地扣减下一年度建设用地指标。

（三）建设用地供应管理

根据我国现行的法律法规规定，我国建设用地的供应方式主要有两大类：有偿使用与行政划拨。这是建设用地管理的重点工作。

另外，我国早期的建设用地主要来自农用地和其他用地的转变，逐渐地也增加了在现有的建设用地中，选择一些已经失去原有价值建设用地通过重新开发新的项目，使其焕发新的生命。比如，随着社会的发展，将原来的工业用地转化为商业或者娱乐用地等，这些也是建设用地管理的工作内容。

（四）建设用地征收管理

建设用地征收管理过程中的主要内容包括农用地转用审批、土地征收审批和农民安置补偿等。根据现行的《土地管理法》：国家为了公共利益的需要，可以依照法律规定对土地实行征收或者征用并给予补偿。

我国改革开放的 40 余年间，是建设用地征收最多的时期，可以说，从某个角度来看，建设用地的征收反映着国家发展和社会进步的速度。

（五）农村建设用地管理

农村建设用地是指由乡（镇）集体和农民个人投资的各项生产、生活和社会公共设施以及公益事业建设所需要使用的土地。如乡镇企业用地、村镇公共设施建设用地、农民宅基地等。

四、建设用地管理的原则

（一）实行统一管理的原则

对建设用地实行统一管理的原则，是我国最重要的土地管理特点。国家制定相关的法律法规，就是为了促进土地资源利用的科学性、有效性和合理性。根据相关法律，由统一的管理部门负责管理，制定统一的规划，采用统一的标准，面对同一类问题行使统一的措施，从而实现了对建设用地的有效管理。

（二）规划、计划总体控制的原则

国家依据国民经济和社会发展规划、土地利用总体规划及土地利用计划，每年给各省、自治区、直辖市下达指令性计划指标，再由省、自治区、直辖市层层分解下达，同时，对具体项目供地，按照规定的用地限额指标执行。建设用地的规划与计划管理是土地市场宏观调控管理的一项重要举措。建设用地管理首先要做好编制规划与计划工作，实行建设用地总量控制，保证耕地总量的动态平衡。

（三）农业用地优先保护的原则

粮食安全对每个国家都是至关重要的问题，关系到国民的生存权和国家的稳定，因此，在建设用力管理工作中，农用地的地位不可动摇，不可急功近利、为了谋求眼前的经济回报，而以损害农用地为代价，这是建设用地管理工作中不容忽视的重要议题。

我国人口基数大，尽管国土面积辽阔，但是人均耕地并不富足，且耕地后备资源也不足，因此，无论如何发展，都必须保证充足的农用地，尤其是耕地的数量和质量，必须满足我国农业生产用地的需要，保障粮食安全，也就是说，要尽可能少占或不占耕地。

（四）节约和集约用地的原则

节约和集约用地原则是我国必须长期坚持的一项用地原则。建设用地管理在适应经济增长的需要的同时，要积极探索集约用地的方式，即最大限度地集约用地，借助科学手段提高土地的利用率。

目前，我国已制定了多项建设用地指标，基本形成了建设用地指标体系。

（五）有偿使用土地的原则

根据我国的法律规定，除特定的可以采用划拨方式用地的项目之外，建设用地的获得一律采用协议、招标、拍卖和挂牌等有偿出让方式。有偿使用土地不仅增加国家的财政收入，而且对促进土地资源的优化配置和合理利用具有积极作用，是借助经济手段有效控制建设用地增长重要保障。

第四节　土地利用生态保护管理研究

生态环境是当前全世界各个国家都十分关注的问题，而土地利用则是生态保护的重要环节之一，本节主要从土地利用的生态保护管理的角度进行分析与研究。

一、土地生态系统概述

（一）土地生态系统的概念

土地生态系统指的是，地球上的陆地部分，包括地貌、岩石、水文、植被、土壤、气候等自然要素之间相互影响、相互依存，以及与人类活动之间相互作用所形成的统一体称为土地生态系统。土地生态系统是人类、动物、植物以及其他陆上生物赖以生存的环境，每一物种都是土地生态的重要组成部分，同时也决定着土地生态的发展。因此，研究土地生态系统，必须具有全局意识，要从土地各个构成要素如植物、岩石、大气、陆地水、动物和人之间的物质迁移与能量转换更多个方面着眼，才能有效地维护土地生态系统，使其健康、可持续地发展，为人类和地球提供生活资源。

（二）土地生态系统的特征

1. 层次性和高维性

土地生态系统具有层次性和高维性的特点。

首先，土地生态是一个多层次的系统构成，其结构特征是既含有水平结构分布，也具有垂直结构特征。如果按照水平结构划分的话，可分为农田生态系统、草地生态系统、林地生态系统、水域生态系统、城镇工矿用地生态系统等子系统。

而这些系统的子系统之间也有其独特的结构，各个子系统之间也有或多或少的相互影响和相互依赖的关系，按景观生态结构又可分出不同的气候、土壤。而且，在子系统之间还存在着物质和能量的交换，因此，在水平结构上看，土地生态是一个相当复杂的互生系统。

同时，土地生态系统又是一个立体的结构，也就是从垂直结构上看，土地

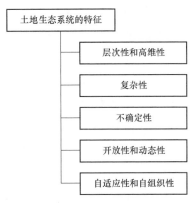

图 4-2　土地生态系统的特征

生态又可分为地上层、地表层和地下层 3 个垂直分布带，但是这仅仅是理论上的分析方式，现实情况是，不同层之间有着紧密的联系，难以在空间上做出明确的划分。地上层主要是指地面上的植被、生物和气候因素，在不同的区域又有众多的局部小气候要素；地表层包括土壤、河流、溪水以及浅层地下水、植物和微生物等要素；地下层是指土壤层以及以下的岩石、深层地下水等。

2. 复杂性

土地生态系统包含了地球陆地上的多个生态系统和子系统，它们彼此影响、深度关联，形成了一个异常复杂的系统。在这一系统内，包含着岩石圈、大气圈、生物圈等多个的复合系统，无时无刻不在进行着能量和物质的交换。另外，由于人类一直以来的征服自然的野心和行动，包含文化、意识、制度、政策、科技、信息、交通等多种社会经济因素也直接或者间接地影响着土地生态系统的发展，甚至融于土地生态系统之中，使土地生态系统不仅表现出自然要素的复杂性，还表现出社会经济要素的复杂性，共同构成了土地生态的复杂性。

3. 不确定性

土地生态系统具有明显的不确定性，可以分别体现为其边界、结构和功能的不确定性上，以及它们彼此之间相互作用所产生的不确定性和随机性。这是由于土地生态系统内部组成要素的多样性和复杂性所决定的。如区域气候条件变化，农田产出量变化，子系统之间物质、能量交换方向及交换量等都存在较大的随机性，人们目前还无法进行长期精确的预测。

4. 开放性和动态性

土地生态系统的开放性与动态性主要是由两个因素决定的。

一个因素是，土地生态系统和人类之间的物质与能量交换的过程是开放的、动态的。土地在长期的演化过程中，逐步凝聚了人类劳动实践的成分，或者说土地生态系统始终不断地受到人类的干预。人类活动参与土地生态系统的物质与能量的交换，随着社会的发展和科技的不断进步，人类影响和干预土地生态的程度也在不断加强，使土地生态系统处于一个动态变化过程之中。

另一个因素是，土地生态系统和外部系统之间的物质与能量交换也是开放的、动态的。如此，则再一次加强了土地生态系统的开放性和动态性的特点。

5. 自适应性和自组织性

作为一个生态系统，土地生态系统也和其他生态一样，具有一定的自适应性和自组织性。由于土地生态具有众多的生物种群，因此它的物质和能量交换的途径众多，从而使系统表现出较强的自适应性，即强大的自我调节能力和代偿功能，从而可以维持系统始终处于一个正常的发展状态下。

二、土地利用生态保护管理概述

（一）土地利用生态保护管理的概念

土地利用生态保护管理是指，人类为了持续地获得经济、生态及社会效益这一目标，依据对土地生态系统的关键生态过程和重要生态因子进行长期监测的结果面对土地利用行为进行的管理活动。

（二）土地利用生态保护管理的特征

土地利用生态保护管理具有科学性、持续性、开放性、动态性等几个特征，它是人类以科学的手段，对土地生态进行有目的的保护工作，它是随着人类探索自然的不断深入，以及科技手段的不断加强而动态发展的过程。

三、土地利用生态保护管理的原则

土地利用生态保护管理是一项长期的、复杂的工作，为了保证工作的顺利开展，需要遵循以下几个基本原则。

（一）系统性原则

土地生态系统作为一个复杂的系统，首先要遵循的就是系统性原则。土地系统的内部要素之间，以及各个子系统之间，都具有密切的作用和联系。在这个系统中，每个要素的变化就意味着系统也会随之发生变化，因此，对任何一个要素的干预都要从系统的角度出发，而不是仅仅考虑单个要素的结构或者功能的改变。因此，在土地利用生态保护管理中应遵循系统性原则。

（二）动态性原则

土地生态系统是一个动态的系统，也就意味着该系统内以及系统与外界其他系统的所有活动都是处于动态变化之中的，包括一切物质与能量的交换过程，以及系统的自适应过程等。因此，在土地利用生态保护管理过程中，应对系统的动态原则给予足够的重视，并加强对土地生态环境的动态监测和管理，特别是一旦发现系统出现逆向演替时，要及时开展干预和保护。

（三）平衡性原则

土地生态系统始终处于动态演变之中，因此，对该系统的管理要注重采用平衡性原则，比如对各项功能指标严格监控，在必要的时候要进行人为的管理，减缓负向演变，以保持系统的平衡发展。

四、土地利用生态保护管理的内容

土地利用生态保护管理的内容主要包括土地利用的生产保护管理土地利用的结构管理、土地利用的生物多样性保护管理和土地利用的污染防治管理等。

（一）土地利用的结构管理

对土地利用的管理本质上就是对土地资源的保护，防止土地资源遭到人为的破坏，进而影响我国国家治理和社会正常发展的进程。因此，土地利用生态的保护要从土地利用的结构方面加强监管。

首先，按照我国法律的规定，我国土地资源基本上可分为农用地、建设用地和其他用地三大类。而农用地放在首要位置，它是保障国家粮食安全的重要条件，是保证人民粮仓禀实、衣食无忧的前提。因此，土地资源管理部门首先要监管的是保证我国农用耕地在数量和质量上能够较为稳定，不被其他强势发展的行业所侵占。

其次，在保障农耕用地的同时，还要保持土地利用生态的平衡发展，注重生态用地配置，尽量同时兼顾耕地总量和质量、城市发展与建设、生态环境发展等几个方面的要求。通过在土地利用生态的科学规划，促进节约集约用地，在满足人类社会对土地资源基本需要的同时，为自然生态保护提供保障。

（二）土地利用的生物多样性保护管理

土地生态系统中的生物多样性是由其复杂的生态圈所决定的，土地利用的过程中，务必要注意对土地生态的多样性的保护，这是保障土地资源可持续发展的重要前提。比如，要加强对物种关系的保护，加强对环境的保护，保证土地生态系统内部的各种功能不被破坏，增强系统的抗干扰能力等，这些都是对土地利用多样性的保护和管理。

（三）土地利用的功能保护管理

土地是人类生产和生活必不可少的物质基础。合理的土地利用，是人类获得持续发展的根本，而且还可以提高土地的生产能力。在促进土地的持续利用方面，要根据土地的不同用途，进行有针对性的保护措施，保护土地的生产功能、承载功能和地下资源储备等。比如防止过度耕种造成土壤肥力下降，出现水土流失、盐碱化等问题。防止对地下能源和矿物质的破坏性开采等都是保护土地利用的重要内容。

（四）土地利用的污染防治管理

土地污染是土地生态系统破坏的重要原因之一。土地利用的污染防治重点在于减轻工业、农业生产污染和生活污染，减轻系统的纳污压力，增强土地生态功能。

第五节　土地利用监测研究

一、土地利用动态监测

（一）土地利用动态监测的概念

土地利用动态监测是指通过采取各种技术手段，对行政管辖范围内的土地利用状况、土地用途管制状况、土地利用规划实施状况等进行的监督和管理。土地利用状况不是永恒的，它常随着自然条件和社会经济条件的变化而变化，对土地利用动态变化进行监测，随时掌握土地利用变化趋势，采取相应对策，确保管理目标的实现，是土地利用监督的一个主要方面，也是实现土地利用监督和对土地利用进行调控的技术基础。

（二）土地利用动态监测的作用

土地利用动态监测的作用主要有以下几个方面。

（1）保持土地利用有关数据的不断更新；

（2）通过动态分析发现土地利用的规律，为进一步的研究提供依据；

（3）及时反映土地利用规划的实施情况；

（4）通过对重点指标的定时监控，并设置预警界线，为政府制定有效政策与措施提供服务；

（5）及时发现违反土地管理法律法规的行为，为土地监察工作提供依据等。

（三）土地利用动态监测的内容

目前，我国开展的土地利用动态监测工作的重点，是对耕地和建设用地等进行定期检测，包括对土地利用情况、土地形态是否发展改变等情况能够及时发现、尽早干预。还包括检查土地利用总体规划和年度用地计划的执行情况，重点核查每年土地变更调查汇总数据，为国家宏观决策提供准确的依据，具体的工作内容有以下几个方面。

1. 区域土地利用状况监测

对区域土地利用的动态监测工作是土地利用管理的中心环节，它的重点是对耕地变化和建设用地扩展进行及时的数据更新，目的是保持耕地占补的平衡。

通过动态监测，能够及时发现耕地的变化情况，本着"占多少，垦多少"的原则，相关部门需指导落实耕地开发的数量和质量符合要求，确保耕地总量保持动态平衡。

2. 土地政策措施执行情况监测

土地利用动态监测还是获取土地信息和反馈土地政策执行情况的重要途径，是检验土地管理措施执行结果的主要手段。比如土地利用规划目标实现情况监测、建设用地批准后的使用情况监测、土地违法行为监测等。土地政策措施与对土地政策措施执行的检测是一个完整的系统，缺一不可，它们是保障我国土地利用良性发展的核心力量。因为，如果只有政策，没有实施，那么政策制定得再科学、再完善也会大打折扣；如果只有实施，没有完善的政策指导，也将导致土地利用的失衡。

3. 土地生产力监测

土地生产力监测的重点，是通过对土壤属性、地形、水文、气候、土地的投入产出水平等重点指标的定期监测，发现土地利用变化的迹象，并及时进行干预。比如，土地的生产力下降影响的不仅仅是我国的粮食安全、果蔬减产等问题，而且还将影响到社会经济和环境气候等，将引起一系统的连锁反应。

因此，对土地生产力的检测工作不容忽视。通过及时地掌握土地生产力动态变化的方向，并总结相应的规律，分析未来的发展趋势，从而为调整生产力布局提供依据。

4. 土地环境条件监测

对土地环境条件的监测，重点是考察环境条件的变化、环境污染等对土地利用产生的影响。

（四）土地利用动态监测的方法

土地利用动态监测常用的方法有实地调查统计报表调查、遇感监测、专项定点监测等。

1. 实地调查

实地调查是土地利用动态检测工作中最直接的一种方法，由相关工作人员到现场直接测量、采访、问询等，获得一手的可靠资料。

2. 统计报表调查

统计报表调查是由国家或上级主管部门，根据以往的数据以及对未来变化的预估，设计一套统一的表格，由相关的工作人员在规定的时间内，依据要求的程序提供统计资料的一种调查方法。统计报表常用的有年报和半年报。统计报表的优势是可以对比历年来的土地统计资料，得出有价值的分析结果，能够对土地利用情况进行量化的分析和预测，可以为国家制定土地调控政策提供有力的依据。

3. 专项定点监测

为了详细而准确地掌握土地质量变化情况，常采用仪器对土地质量的某个项目进行定点监测，如土壤肥力监测、水土流失监测、土地沙化监测、土地污染监测等。通过仪器监测取得科学数据，以便采取对策，改善土地利用状况。

（五）3S 技术在土地利用动态监测中应用

所谓的 3S 技术，就是遥感（RS）、地理信息系统（GIS）、全球定位系统（GPS）技术在土地利用动态监测中的应用。3S 技术被引进土地利用监测工作，是将科学技术手段应用于社会生产的成功案例。通过遥感、地理信息系统和全球定位系统等技术，轻松实现了土地利用信息的及时更新，真正实现及时察觉土地利用的动态发展，进行空间分析和综合处理。3S 技术的有机结合能够准确把握土地资源利用变化区域的特征，这是传统调查方法具有无法比拟的优越性。应用 3S 技术进行土地利用动态监测主要流程如图 4-3 所示。

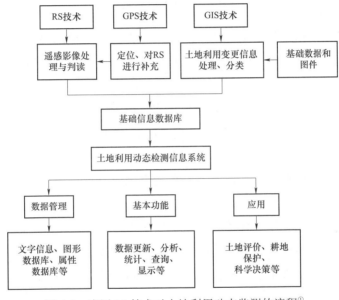

图 4-3　应用 3S 技术对土地利用动态监测的流程[①]

二、违法用地的查处

（一）非法用地的类型

非法用地一般情况下可以分为三大类，如图 4-4 所示。

1．非法占用土地

非法占用土地的行为是指不按法律法规规定的程序占有特定土地的行为。非法占用土地的行为包括未经批准占用土地、采取欺骗手段骗取批准占

---

① 刘兴权，龙熊，吴涛．3S 技术在土地利用动态监测中的应用［J］．地理空间信息，2009，7（5）：5.

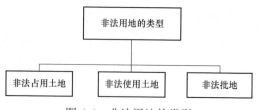

图 4-4 非法用地的类型

用土地。超过批准的数量占用土地等。

2. 非法使用土地

非法使用土地是指不按照规定的期限用途、使用条件、要求等使用土地。

3. 非法批地

非法批地是指不依法批准使用土地，包括以下几种情况。

（1）无权批地，即没有法定审批权限的单位或个人批准征收、使用土地的行为；

（2）越权批地，即超越法定批准权限批准征收、使用土地的行为；

（3）分散批地，即依法应当一次性报批的项目用地，分散为小量多次进行审批的行为；

（4）非法下放批地权，即有批准权的人民政府擅自下放其征收土地或农用地转用审批权的行为；

（5）不按土地利用总体规划确定的用途批地，即有批准权的人民政府未按照土地利用总体规划确定的用途批准征收、使用土地的行为；

（6）不按法律规定的程序批地，即不依照法律规定的土地征收、使用审批程序批准征收、使用土地的行为。

（二）违法用地的查处

对非法占用土地和使用土地的单位和个人，由县级以上人民政府土地行政主管部门进行查处。

1. 非法占地的查处

非法占用土地的查处分为以下几种情况。

（1）未经批准或者采取欺骗手段骗取批准，非法占用土地的，由县级以上人民政府土地行政主管部门责令退还非法占用的土地；

（2）对违反土地利用总体规划擅自将农用地改为建设用地的，限期拆除在非法占用的土地上新建的建筑物和其他设施，恢复土地原状；

（3）对符合土地利用总体规划的，没收在非法占用的土地上新建的建筑物和其他设施，可以并处罚款；

（4）对非法占用土地单位的直接负责的主管人员和其他直接责任人员，依法给予行政处分，构成犯罪的，依法追究刑事责任；

（5）超过批准的数量占用土地，多占的土地以非法占用土地论处；

（6）建设单位或者个人对责令限期拆除的行政处罚决定不服的，可以在接到责令限期拆除决定之日起十五日内，向人民法院起诉；

（7）期满不起诉又不自行拆除的，由作出处罚决定的机关依法申请人民法院强制执行，费用由违法者承担。

2. 非法用地的查处

非法用地的查处一般常见的有如下几种情况。

（1）占用耕地建窑、建坟或者擅自在耕地上建房、挖砂、采石、采矿、取土等，破坏种植条件的，或者因开发土地造成土地荒漠化、盐渍化的，由县级以上人民政府土地行政主管部门责令限期改正或者治理，可以并处罚款；构成犯罪的，依法追究刑事责任。

（2）已经办理审批手续的非农业建设占用耕地，一年内不用而又可以耕种并收获的，应当由原耕种该幅耕地的集体或者个人恢复耕种，也可以由用地单位组织耕种；一年以上未动工建设的，应当按照当地的规定缴纳相应的闲置费；连续两年未使用的，则在获得原审批单位的批准后，无偿收回用地单位的土地使用权；该幅土地原为农民集体所有的，应当交由原农村集体经济组织恢复耕种。

（3）承包经营耕地的单位或者个人连续两年弃耕抛荒的，原发包单位应当终止承包合同，收回发包的耕地。

3. 非法批地的查处

（1）非法批地是指无权批准征收、使用土地的单位或者个人，非法批准土地的使用权，或者是不符合法律规定程序的批准，则该批文无效，对当事人要依法给予行政处分，构成犯罪的应依法追究刑事责任；

（2）非法批准征收、使用的土地应当立即收回；

（3）如果有关当事人拒不归还，则以非法占用土地论处；

（4）因非法批准征收、使用土地而给他人造成的损失，当事人应依法承担赔偿责任。

第六节　海南省土地资源可持续利用研究

一、土地资源可持续利用分析

（一）土地资源可持续利用的含义

1987 年，布伦·特兰夫人主持的世界环境与发展委员会在对世界重大经济、社会、资源与环境问题进行了系统的调查研究的基础上，发表了题为《我们共同的未来》的专题报告。该报告将可持续发展定义为：既满足当代人的需要，又不损害后代人满足需要的能力的发展。根据布伦·特兰夫人的定义，可持续发展的核心思想是：健康的经济发展应建立在生态可持续能力、社会公正和人民积极参与自身发展决策的基础之上。它所追求的目标既要使人类的各种需要得到满足，个人得到充分发展，又要保护资源和生态环境，不对后代人的生存和发展构成威胁。

在可持续发展观不断完善的今天，我们提出了土地资源的可持续利用。土地资源可持续利用，要求土地资源配置在数量上具有均衡性，在质量上具有级差性，在时间上具有长期性，在空间上具有全局性，实现自然持续性、经济持续性和社会持续性的统一。从实践上看，土地利用是最基本的人类活动之一，历史上不同的土地利用形态支撑了不同的文明形式和发展阶段，当可持续发展成为人类发展新阶段的时候，客观上要求在土地利用形态和模式方而也随之发生变革。从理论上讲，可持续发展思想自萌芽之初便蕴含着自然资源合理利用和环境保护的内容，在现有的理论框架中，土地和其他资源的持续利用被看作是实现可持续发展目标的基础和必要条件。从逻辑关系上考察，可持续利用是伴随着可持续发展概念而产生的，没有"可持续利用"就没有"可持续发展"。

从土地利用与可持续发展的内在联系来考察，土地资源可持续利用至少应包含两层含义：一是，土地资源本身的高效持续利用；二是，土地资源与社会其他资源的协调配合共同支撑经济、社会与环境的持续发展。

（二）土地资源可持续利用的内容

土地资源与其他资源相比，是最能体现可持续发展战略理论的一种资源。土地资源的可持续利用本身就是由土地的特性所决定的，也就是说土地具有可持续利用的特性。具体地讲，土地资源可持续利用应包括以下几方面内容：

（1）在资源数员配置上与资源的总量稀缺性高度一致。土地具有稀缺性，土地的供给在一定时期内相对于需求是有限的，因而有限的资源必须分配到社会效益、生态效益和经济效益都相对较高的项目上，并要安排好组合比例关系。

（2）在资源的质量组合上与资源禀赋相适应。不同生产项目对土地资源的品质要求不同，而区位优、质量高的土地资源极其有限，因而应把优质的土地资源安排到对资源品质要求高的生产项目上。

（3）在资源的时间安排上与资源的时序性完全相当。土地资源的自然供给缺乏弹性，尽管通过开发后备资源可适当增加可利用的土地资源数量。但是，有限的后备资源相对于不断扩张的用地需求来说，无疑是供不应求的，因此，在开发利用过程中，应考虑资源开发利用的延续性，避免资源集中过量消耗，导致资源供给断档。

（4）土地资源配置应当考虑各地区差异，反映各地区特点，激发各地区发展活力。维护和促进社会公平是可持续发展的重要目标，尤其是在资源利用方面。众所周知，初始资源禀赋对社会和个人的财富积累有至关重要的影响。因此，应当考虑建立区际间的资源流动机制，以消除因资源禀赋的差异对区际间经济发展产生的不良影响，这在我国当前西部大开发中应认真考虑。

二、海南省土地资源可持续利用的原则

（一）生态环境优先

海南地处我国最南端，具有丰富的热带生态，对我国整体的土地资源具有重要的战略意义。由于气候温暖，海南省是旅游度假的绝佳选择，其旅游经济开发潜力巨大，因此，保护生态环境的可持续发展是对海南省土地资源利用的重要原则。应该把建设生态文明、保护生态环境、促进土地资源可持续利用放在经济社会发展的首要位置。

（二）科学展开土地利用规划

海南省的土地资源利用还要遵循科学进行土地利用规划的原则，通过合理安排发展步骤，贴近海南省的实际发展需要，充分利用自身的土地资源优势，经过科学论证和统筹规划，努力实现合理进行土地布局，优化土地利用空间，持续优化海南省的土地利用管理工作。

（三）重点开发旅游资源

海南省的土地资源决定了其天然的旅游度假胜地的定位，这是海南省土地利用的最优选择，也是为海南创收的最优途径，因此，重点开发海南的旅游项目是海南土地资源可持续利用的首要选择。

通过国家相关部门的统筹安排，实行差别管理，实施土地利用的差别化管理。可优先保障旅游项目类的建设用地，实行建设用地指标分类管理，保障旅游、保障性住房、高科技、新型工业、社会事业、基础设施等甲类指标用地，适度安排乙类指标用地，禁止供应别墅类用地。

三、海南土地资源可持续利用的对策

海南省土地资源可持续开发利用的关键，是要正确安排和规划土地资源，使海南的独特地理优势得到最大限度的发挥。同时，也要处理好土地资源发展与保护的关系，整体上说，海南省还是一个欠发达的地区，其农业、工业都较为落后，而旅游资源却位居全国的前排，因此，对海南省土地资源的利用，应重点发扬它的优势，比如努力保护现有的生态环境，大力推进和发展海南的旅游产业，开发旅游地产项目，探索生态友好型土地利用模式，来构建生态安全的土地利用格局。

（一）加强生态环境保护立法

加强生态环境保护的最有力措施，就是通过立法实施管理。只有这样，才能实现长期稳定的生态安全管理，才可以保证土地资源的可持续利用真正落实。充分发挥和利用海南经济特区的立法权，用于保护生态环境和土地资源，积极探索海南省的和谐绿色发展之路。建立健全生态保护与建设的法律法规体系和考核奖励制度。加快生态补偿立法进程，建立生态补偿的新机制，扶持海南中部生态功能保护区建设。严格执行环境影响评价制度和环保三同时制度，完善污水、垃圾处理费征收政策，建立健全治污设施正常运营保障机制。把生态环境保护纳入经济社会发展综合评价体系和领导干部综合考核评价体系。

（二）优化产业结构，合理安排产业布局

充分利用海南良好的环境资源条件，大力发展以旅游业为龙头的现代服务业，培育支撑海南长远发展的生态产业。根据资源和生态环境承载能力，科学规划各类产业，优化区域空间布局。立足于自身的气候优势，加强生态

农业规划，转换思路，大力发展热带特色现代农业，以及将热带特色农业与旅游业相结合，比如尝试观光农业、休闲农业和度假农业的创新项目，推进农田观光体验示范基地的发展，将体验式乡村生态旅游发展为海南的特点。

（三）以规划为龙头，坚持土地用途管制

1. 合理规划，统筹布局

重点保障旅游用地的基础服务设施配套建设用地，加强规划实施的监督，防止交通道路、通信等设施的重复建设，提高区域资源的合理配置效率。对于东部滨海旅游综合区，要积极转变土地利用方式，提高建设用地的集约利用水平。严格保护优质农用地，控制耕地占用规模和速度，正确处理好生态环境保护与旅游资源开发的关系；对于南部热带滨海旅游区，要坚持节约与集约用地原则，通过科学规划和合理布局，侧重配置旅游设施用地，适当增加建设用地规模，尤其是交通基础设施用地，包括港口建设、东线高速铁路建设用地；北部山区适当限制工矿用地扩张规模和速度，调整农用地内部结构，加快发展热带农业。

2. 协调旅游区内部开发建设与周围农用地资源的关系

通过发展生态农业、观光农业带动农村地区发展；做好征地农民安置工作，创新各种就业安置渠道，提高补偿标准等，实现区域农村发展与旅游开发的一体化发展。在积极保护耕地的同时，摸索和实践有利于发展农业观光旅游的土地利用方式，与全省旅游业规划提出的一省、两中心（海口、三亚）、三带（东、中、西）、五市（三亚、海口、琼海、儋州、五指山）布局紧密结合，可依据区位条件将农业观光布局分为三个层次，即近郊区、远郊区和山区。近郊区重点发展农业公园、花卉观赏园、垂钓场及租赁农园等观光体验型项目；远郊区观光农业应以休闲、农作体验、教育为主；山区重点发展民俗游、森林游等生态文化旅游项目。三个层次资源不同，特色各异，发展方向和重点也不同。

（四）优化农用地空间布局，提高农用地利用效益

海南省应不断优化农用地结构调整，建立农业生产基地，发展外向型农业。提高农业科技创新能力，依据优势建立我国最重要的热带农业生产基地，积极发展外向型农业。

目前，海南省农业龙头企业小，农业产业化水平低，企业与农民的利益连结机制还不够完善，农产品加工业严重滞后，与全国平均水平有较大差距，农村土地利用处于粗放低效益状态。下一阶段要集中扶持一批龙头企业，增强其竞争、辐射和带动能力，通过龙头企业带动、合作组织连接、批发市场辐射等形式，提高农业科技水平和现代化管理水平，全面推进农业区域化、标准化、产业化、市场化和服务社会化，实现农业由粗放型向集约型转变、高耗型向节约型转变、数量型向质量型转变，初步形成产业优化、经济高效、产品安全、资源节约、环境良好、凸显人力资源优势的现代农业体系。此外，可建立热带现代农业生产基地，提高土地生产率发挥优势，大力发展现代农业，建立标准化农业基地，进一步扩大优势资源种植面积。

（五）坚持节约集约用地，优化空间布局

由于缺乏城镇总体规划，海南城市的老市区和旧的建制镇存在许多不合理的地方。促进农村宅基地集约化，加强农村居民点整合。由于历史和自然因素的影响，海南农村居民点结构比较松散，户均面积大，零星居住现象普遍，造成配套用地大过居住用地。加之近年来经济状况改善，更促进了村民建房行为，农村宅基地面积持续攀升。要综合运用规划、计划指标等调控措施，适度整合农村建设用地规模及结构。

第五章
土地市场管理研究

土地市场管理在土地资源管理中占有重要地位。当前，社会经济发展和土地使用制度的不断改革迫切要求加强土地市场管理。基于土地的特征及其市场特性，参照我国土地管理制度进行土地市场管理，有助于对土地市场交易行为加以规范，构建健康、和谐的土地市场秩序，同时有助于防止土地资产收益流失。本章重点对我国土地市场管理进行研究，首先分析土地市场的内涵和理论，其次探讨土地市场的运作条件和运作机制，最后分别对土地市场的价格管理与税收管理展开研究。

第一节　土地市场的内涵

一、土地市场的概念

一般将商品交易活动发生的场所称作市场。也有学者认为，商品交易活动中形成的所有经济关系即为市场，这是对市场的实质性的界定。从市场的实质来看，可以这样界定土地市场，在土地流通中形成的所有经济关系总称为土地市场。在土地市场中，供给和购买土地的主体都是土地市场的主体，土地是商品交换的对象，也就是土地市场的客体。在土地交换中，参与土地商品交换的除了买卖双方，还有其他一些参与者，所以土地市场中形成的经济关系是多方面的[①]。

---

① 濮励杰，彭补拙. 土地资源管理 [M]. 南京：南京大学出版社，2002.

二、土地市场的类型

根据土地的市场化程度和市场运行过程，可将土地市场划分为以下三种类型。

（一）一级市场

一般将土地使用权出让市场土地称为土地一级市场。在这类土地市场中，国家（政府）作为土地所有者，按规划要求将国有土地（具有一定使用年期的）的使用权出让给土地使用者。土地一级市场的这种市场活动具有垄断性，国家可以单方面决定是否出让土地、出让多少土地、出让什么位置的土地以及出让后土地使用者对土地的利用方式、使用年期等。

土地一级市场是由国家控制和垄断的，它与一般市场上的土地交易不同，以国家有偿出让城镇国有土地使用权为主。

（二）二级市场

土地使用权转让市场即为土地二级市场。二级市场下的土地交易强调市场调节的作用，但也要在国家调控的基础上进行。这类土地市场中开展的土地交易活动主要是，开发商以政府规定和出让合同要求为依据来开发土地，然后转让、出租或抵押开发后的土地的使用权及相关的定着物[①]。

（三）三级市场

土地使用者之间转让、出租或抵押土地及地上定着物的交易活动即为土地三级市场活动。土地三级市场具有开放性，强调市场的调节作用，土地供需情况决定土地交易价格。

在土地市场管理中，将一级市场的管理作为关键，对二级市场和三级市场的管理同样重要，而且能够活跃土地市场。由于土地二级市场和三级市场都是土地使用权转让市场，不易区分，因此也有学者将土地市场分为两类，即一级市场和二级市场，也就是土地使用权出让市场和土地使用权转让市场两类。

三、土地市场的功能

（一）促进土地供求平衡

土地供给有限，但土地的需求量很大，供需矛盾和不平衡长期存在。但

---

① 朱道林. 土地资源利用与政府调控 [M]. 北京：中国农业大学出版社，2011.

在特定区域内土地供需可以实现暂时性的平衡，缓解供需矛盾，这需要发挥土地市场价格机制和市场竞争机制的作用。

随着土地市场的不断开放，通过发挥市场的调节机制来进行土地资源配置，有利于改善土地条件，从而调整相关产业结构，推动依靠土地发展起来的一些新兴产业的顺利发展。随着土地市场的不断改革和发展，土地市场提供的土地条件也得到改善，从而为城市第三产业的发展和经济开发区的建设提供了重要的支持。

（二）促进土地优化配置

对土地资源的合理分配有助于提高土地的利用率，提升综合利用效益，在土地资源的优化配置中要发挥市场机制的调节作用，确保每块土地都恰到好处地运用在最合适的行业中，也就是说每块土地都能在最佳使用者手中发挥最佳作用。我国改革土地有偿使用制度，也是为了实现这个目标。发挥土地市场的调节作用，关键是要发挥土地价格的调节作用，以此来改善城市用地规划和城市建设。

（三）合理分配土地收益

如何分配土地收益，这与土地权利人的利益、集体及国家的利益都息息相关。随着市场经济体制的不断改革与健全，通过土地市场来分配地产收益有助于调节各方利益，使地产收益在不同利益主体之间得到比较合理的分配。土地市场在进行土地收益的分配中，主要利用了地价、地租、利率和税收等经济杠杆手段。为了更好地发挥土地市场的这一调节作用，需要进一步调控好土地市场，从而更加有效地分配土地资源和土地收益。

（四）促进房地产业发展

房地产是一项综合产业，在产业开发、产业经营及产业建设与服务中主要涉及的商品是房产和地产。房地产得以发展的根本在于土地，开发商出让土地的方式主要有招标、拍卖等，政府通过土地市场的调节促进土地价值的实现。开发商围绕土地资源开展一系列的经济活动，如土地建设、土地经营与服务、土地销售等，从而获得土地收益。开发商获得收益后要按规定纳税，这部分税收收入由政府获取，是政府财政收入的主要来源之一。发展房地产对其他相关产业的发展也有积极影响。

第二节 土地市场的运作条件与机制研究

一、土地市场的运作条件

（一）土地法制建设

《土地管理法》《中华人民共和国城市房地产管理法》等法律法规的建设以及国家依法实行国有土地有偿使用制度、国家实行土地用途管制制度等制度的建设，为土地市场的开放、发育和运作等提供了基本法律保障。如果没有完备的土地法律、法规及制度的建设，开放土地市场，进行土地所有权和使用权的流转等，必然导致土地权属混乱，引起土地权属纠纷，造成土地浪费。

（二）经济发展水平

社会经济发展水平决定了一个国家或地区土地市场开放、发育的程度、规模和水平。经济发展水平高的国家或地区，产业结构调整快、土地有效需求大、土地流转的范围广、土地的投资多，因而其土地市场发育程度高；反之，土地市场发育程度和水平较低。国家或地区经济不景气首先表现为土地市场的萧条和土地价格的显著下跌。

社会经济发展水平对一个地区土地市场的决定作用表现较为明显。目前，我国土地市场的发育程度比较低，各地区土地市场的开放和发育程度存在明显的地带性差异，总的来讲，南方高于北方、沿海地区大于内陆地区。

（三）市场管理

在我国市场经济体系中，要素市场的重要性不言而喻，而土地市场又是要素市场的重要组成部分之一。鉴于土地市场的重要地位，当前，我国在土地管理和土地使用制度改革中将对土地有形市场的建立和完善、对土地市场行为的培育和规范作为重要工作。在社会主义市场经济条件下，要建立公开、公平、公正的土地市场，必然加强市场管理。严格的土地市场管理既包括宏观管理，也包括微观管理。

1. 宏观管理

我国政府要严格管理土地市场，这是由我国人地矛盾的国情和土地管理制度的改革形势所决定的。国家在土地市场的宏观调控与管理中，要将重点放在土地开发、土地供求关系的解决、土地价格调控以及土地资源的合理利用上，从而在社会主义市场经济体制下促进土地市场的顺利运作，克服市场运作的自发性和盲目性，减少土地收益的损失。

具体而言，为促进土地市场的高效运作，政府应在土地市场管理中加强如下几方面的管理。

（1）做好土地利用规划

我国土地资源有限，但人口规模大，再加上土地资源开发利用存在一些不合理的现象，所以必须发挥政府的作用来管理土地市场，为土地市场的优化运作保驾护航。政府介入土地市场管理，首先要做好土地利用规划。这是一种非市场性的管理手段，具有行政性质、宏观属性，采用这一手段有助于合理开发利用土地资源，处理土地权益矛盾与纠纷，提高土地收益。

政府在土地利用规划中要坚持社会福利最大化原则，遵循这一原则进行土地资源利用计划的制订，使这一公共规划、详细计划与土地市场运作规律和实况相符。做好土地利用规划工作，还有利于对耕地资源的保护，防止随意占用耕地、土地浪费等不良现象的出现。

（2）建立健全市场信息体系

土地供需关系的调节、土地交易的进行等都离不开真实可靠的市场信息。土地交易是土地市场的常规经济活动，以获取利润为主要目的，在这一经济活动中，土地供应者与需求者要对市场客体（土地）除直接使用价值之外的价值有所了解，也就是要掌握更多关于土地价值的信息，只有这样，才能做出理性的决策。政府也需要掌握这些信息，并要建立健全市场信息体系，从而为实施宏观调控与管理提供依据和参考。

信息在土地市场的运转中也发挥着重要的作用。土地交易的成功与否与掌握信息的真伪有直接的关系。有时市场信息可以直接获取，有时需要投入一定的成本才能获取，由此出现了土地市场的中介信息服务。政府建立健全市场信息体系，改善市场信息系统的运作机制，有助于降低供需双方获取信息的成本，促进土地顺利交易。

（3）加强产权管理

土地产权包括土地所有权、土地使用权、土地他项权利等，它集合了多种权益。土地管理以地籍管理为基础，地籍管理又围绕权属管理这一核心展开，所以政府要加强土地产权管理。

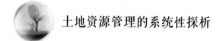

当前，我国通行的土地使用制度具备有偿、有限期、有流动等特征，各类土地产权在土地市场上流动，政府必须加强管理，将土地登记工作重视起来，使土地产权更加明晰。

2. 微观管理

土地市场管理不仅需要政府进行宏观管理，同时要配合微观管理，管理要点如下。

（1）制定市场行为规范

在微观管理中，首先要尽快对土地市场行为规范和交易规则予以制定，对市场交易程序予以统一和规范，这样有利于维护土地市场的良好秩序，打击土地投机行为，构建公平、公正的土地市场交易环境，形成公平与正当竞争的市场风气。

（2）建立地质审核制度

在土地市场准入审核中要对土地资质审核制度予以制定，并不断完善这项制度。在土地资质审核制度的建立中要坚持公开化与标准化的原则。具体审核工作中既要审核土地市场的主体，也就是土地权利人，也要审核土地市场的客体，而且对各项土地权利的审核尤为重要，包括审核土地的所有权、审核土地的使用权以及审核土地的他项权利。

（3）加强土地登记

土地市场管理中土地产权管理是不可缺少的一部分，在土地产权管理中，要求加强对土地产权登记制度的建立，这样能够更好地对土地的流转、权利的变更加以管理，在法律的严格监管下完成土地市场交易，使土地市场交易秩序保持良好状态。落实土地登记制度也能使不良市场交易行为如隐形市场交易得到遏制。

（4）加强产权监督

对土地权利人的合法权益、土地的合法利益予以保护是加强产权监督的主要目的。此外，实行产权监督也能够限制与约束市场主体在土地开发利用中的不合理行为，及时制止和严厉处罚违法违规行为，防止土地权利者的利益受损。

在土地产权监督中，要注重对合同声明的使用，以此来维护土地使用者的权益，并对其行为进行监督。

（5）市场机制与计划机制相结合

在土地资源配置中需要多种机制发挥作用，其中最基本的机制是市场机制。社会主义公有制是我国当前实行的土地管理制度，尽管土地市场已经开放，但仍然需要发挥计划机制的作用，这样才能使政府更顺利地管理好土地市场。在土地市场管理中将市场机制与计划机制结合起来，主要出于以下几方面的考虑。

首先，在社会主义市场经济条件下，政府必须从宏观上调控经济运行的过程，调控与管理土地市场也包含其中。

其次，在国民经济增长和社会发展中，土地资源发挥着重要的作用，因此在部分土地资源的配置中有必要适当采用计划经济手段。

再次，我国积极制订土地利用规划，以促进土地资源利用率的提升，对土地资源加以保护，并协调城乡土地利用结构。这种规划往往与区域发展计划、城市总体规划、农地保护计划等社会经济发展计划相配套。

又次，市场调节有自身的不足和局限，因此必须采用计划机制来完成对部分土地资源的配置。比如，在军事、国防、防洪、防汛、绿化、环保等方面，要由政府来出台规划，配置土地资源，保证土地在这些方面得到最充分的利用，并获得良好的实际效果。

最后，由于完全市场调节的局限性，在配置土地资源时，有相当一部分土地还必须用计划机制来配置，如国防、军事、环保、绿化、防洪、防汛、市政基础设施建设等所需要的土地，要通过政府的用地计划，甚至是指令性计划加以保证。

所以说，在社会主义市场经济体制下并不是只能运用市场机制来进行土地市场管理，还需要配合计划机制，发挥这两种机制的优势，扬长避短，提高土地市场管理效果。

总之，要保证土地市场的顺利运作和健康发展，就需要国家进行严密的宏观调控和微观管理，二者缺一不可。

二、土地市场的运行机制

（一）地价形成机制

土地市场价格形成机制是调节土地市场供需的核心。土地出让价格和土地转让价格是与一级、二级土地市场密切联系的两类土地价格，二者的形成有差别。

理论上而言，一级土地市场的出让价格是国家作为土地所有者收取年地租的折现总和，是在分等定级的基础上以土地收益为依据，以市场交易为参考评估形成基准地价，然后以此为标准通过协议、招标或拍卖的方式而形成。土地一级市场出让价格具有重要作用，如在经济上体现国家土地的所有权；它是二级土地市场转让价格形成的基础；作为一种经济手段调节土地市场供需平衡。

我国实行社会主义公有制，国家通过土地利用计划垄断一级土地市场的供给，控制一级土地市场的出让总量，运用政策影响土地供给价格，这是政府的行政行为。因此，为进一步深入改革土地使用制度，完善土地市场体系，尽快与市场经济大环境接轨，在土地出让价格的形成过程中，国家应依靠市场经济行为，遵循土地价格的形成规律，完善土地市场竞争机制，尽量减少行政行为。通过市场实现土地一级市场出让价格的主要方式有土地招标、拍卖等。

二级土地市场的转让价格是土地使用者在自由竞争的基础上通过开放的土地市场实现的，二级土地市场中土地使用权能够横向流转。二级土地市场比一级土地市场完整，转让价格比一级市场的出让价格更准确，直接反映当前土地的供需情况和地租变化情况。政府对土地二级市场转让价格的确定将逐渐淡化，使土地市场按照价值规律自由竞争。当然，一级土地市场的出让价格和国家宏观调控土地市场必然会对二级土地市场转让价格的形成产生一定的影响。

（二）土地供需平衡机制

土地市场中的土地供需平衡机制与土地价格形成机制是互相联系的，土地供需平衡的过程就是土地价格形成的过程，土地供需平衡总能在一定的土地价格水平下实现暂时的平衡。土地市场运行的合理目标是满足各类土地需求，促进土地资源的优化配置与合理利用。

受人口、利率水平、租金、税收和土地使用控制等多种因素的影响，土地需求与土地供给有其自身的特点。土地需求一般情况下总是增长的，是多种多样、不可替代的，往往受投资增长的带动。土地的自然供给有限，直接导致土地经济供给的不充分，但土地的经济供给有弹性。土地市场能正常运行正是因为土地供需特点相互牵制。

土地一级市场供给不充分使土地二级市场土地转让变得活跃；土地二级市场土地转让的有限又要求政府加大一级市场的土地供给，一级、二级市场土地供给的互相补充能够实现土地的供需平衡。

（三）宏观调控机制

对土地市场进行宏观调控是为了实现土地供需平衡，优化土地资源配置，合理分配土地收益，保持土地市场稳定。对土地市场进行宏观调控，既包括对一级市场的调控，也包括对二级市场的调控，对不同类型的土地市场进行调控要有针对性。

1. 土地一级市场调控

在我国土地有偿使用制度的改革过程中，地方政府代表国家行使土地所有者的职能，是土地一级市场的实际主体，土地管理部门代表政府行使管理职能和权力。由于土地资源稀缺、不可移动，土地资产具有巨额性和保值增值性，因而城市土地对政府具有多重效用，如土地是政府财政收入的重要来源，是城市建设的重要资源、资产和资本等。因此，对于土地一级市场而言，地方政府具有多供地的内在动机。如果对地方政府的供地行为缺乏约束，必然将引起一级市场中土地供给的失衡，导致优地劣用、侵占耕地，城市规模过度膨胀、国有土地资产大量流失等严重后果。对此，必须加强对一级市场的管理和调控，具体要落实以下工作。

（1）在一级市场的调控中强调城市规划的科学性、严肃性和法律性，城市规划与土地利用总体规划要有机衔接，因地制宜地编制土地供应计划。

（2）改革土地管理制度，实行土地用途管制制度，加强国家对土地的统一管理。

2. 土地二级市场调控

为了有效发挥土地二级市场的供需机制，促进城市土地房地产市场的正常发育和发展，对二级土地市场进行调控要落实以下几点要求。

（1）加强地籍管理

地籍管理是土地市场调控的重要措施，主要任务是管理土地权属的登记、变更，这是二级土地市场行为最基本的依据。

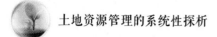

（2）加强价格调控

二级土地市场运行过程中最重要的经济杠杆手段就是土地价格，它也是二级土地市场管理的核心。土地价格调控手段具体包括以下几种。

① 建立基准地价、标定地价定期公布制度。

② 建立土地交易价格申报制度。

③ 国家对协议出让土地使用权采取最低限价、对土地使用权的转移有优先购买权。

④ 采取行政手段来抑制地价上涨过快等。

（3）加强法律调控

加强立法，强化执法，实现对土地市场运行的法律规范、法律监督和控制。

（4）健全土地税制

土地税收手段是通过不同的税务要素（如税种、税目、税基、税率、征税对象等）调节土地开发利用的经济利益和经济行为，如通过课税土地增值税可以遏制土地投机行为。

（5）加强土地市场中介服务管理

土地市场中介服务是指为土地市场交易主体的交易活动提供各种中介代理和相关服务，包括设计、评估、经纪、广告、仲裁、咨询等服务。土地市场中介服务管理包括以下内容。

① 中介服务人员资格管理。

② 中介服务机构管理。

③ 中介业务管理等。

（四）土地市场的协调机制

土地市场中一、二级市场的协调非常重要。土地一级市场是关键市场，是整个土地市场土地供给的总阀门，一级市场的土地供给量对整个土地市场的土地供给状况有直接影响，一级市场的土地出让价格直接决定二级市场土地转让价格。开放的土地二级市场是核心市场，通过土地二级市场可以促使土地使用权在不同土地使用者之间流动，市场上土地供需状况和地价水平能过从二级市场的土地转让价格中比较准确地反映出来。

土地一、二级市场相互联系、相互作用，形成了整个土地市场。一方面，一级市场上的土地出让行为可以调控二级市场的土地转让行为，一级市场的土地价格影响二级市场的土地价格；另一方面，二级市场的土地转让行为和土地价格又反馈到一级市场，从而调节一级市场的土地出让行为和土地价格，从而形成了一级土地市场与二级土地市场的协调机制[①]。

（五）清理"隐形土地市场"，加速机制转换

隐形土地市场是指不按立法规定的行为准则进行的土地交易，其特征表现为，土地交易违法；土地使用权主体发生转移；客体用途发生变更；土地的无偿使用转变成商品化的有偿使用；土地收益为单位或个人所有[②]。由于进入隐形市场的土地使用权主要是通过行政划拨方式取得，根据其法律特征，判断标准有以下三条。

（1）是否到土地管理部门依法办理相关手续。

（2）是否是在国家管理和监督下进行土地交易。

（3）土地收益分配是否符合法律规定等。

如不符合上述条件，则为隐形市场。隐形市场的存在大量吞食了国家作为土地所有权人应该获得的土地收益，损害了国家利益。要清理隐形土地市场，必须加强法制建设，具体要做好以下工作。

（1）要规范行政划拨土地使用权转为出让土地使用权的申报、审批。

（2）要规范土地出让价格、转让价格、租金的构成和标准。

（3）从房价中分离地价，要有切实可行的方法和尺度。

（4）规范新增土地租金的分配。

（5）加大对土地违法行为的惩处力度。

如果通过市场清理整顿、补办出让合同或租赁合同、补交地价或地租使隐形土地市场中发生的非法的、隐蔽的土地交易合法化和公开化，那么非法的隐形土地市场也就变成了公开合法的土地二级市场。因此，清理整顿"隐形土地市场"的过程也就是转换土地流转机制的过程，即从行政划拨的非市场机制向公开合法的市场机制的转变。

---

① 孙敖. 土地资源管理实训教程［M］. 成都：西南财经大学出版社，2016.

② 刘胜华，刘家彬. 土地管理概论［M］. 武汉：武汉大学出版社，2005.

第三节　土地市场的价格管理研究

一、土地价格概述

（一）土地价格的含义

土地能向人类永续提供产品和服务，即在一定的劳动条件下土地本身能产生纯收益，谁拥有了土地，也就拥有了土地纯收益，即地租。由于土地功能的永久性，这种地租也是一种恒久的收益流。随着土地权利的转移，这种收益流的归宿也发生转移。购买土地的权利，实际上是购买一定时期的土地收益。因而，土地收益现值的总和就表现为土地价格（地价）。可见，土地价格的内涵是若干年的土地纯收益即地租贴现值的总和。它具体包括以下两个部分。

（1）由土地所有权垄断而产生的绝对地租。

（2）由土地的生产条件好坏而产生的级差地租。

土地经过人类长期的开发，已经不再是纯粹的自然土地，而是在各个时期都凝结着人类的劳动。在现实经济运行中，土地在交换活动发生之前，土地所有者或土地开发商总是先对土地进行开发。那些为了改造土地性能的投资就转化为土地资本，它属于固定资本的范畴。这些固定资本投入必然要求收回，从而以折旧和利息的形式体现在租金中[①]。

土地价格的内涵包含以下三个部分。

（1）真正的地租，即绝对地租和级差地租。

（2）土地投资的折旧。

（3）土地投资的利息。

土地价格就是以上三个部分之和的资本化。

（二）土地价格的特点

土地的性质是比较特殊的，其不同于市场交易中的一般商品，所以土地价格也比较特殊，具有以下几个特点。

---

① 卢新海，黄善林. 土地管理概论［M］. 上海：复旦大学出版社，2014.

1. 不依生产成本定价

一般来说，商品价格如果是商品价值的货币表现，那么就会在一定程度上根据生产成本来定价，但土地不属于这类商品，所以其定价不是根据生产成本而定的。

具体而言，人类劳动创造的产品具有价值，其在市场上的交易属于一般商品交易，交易价格是其价值的货币表现，所以在价格的确定中常常以它的生产成本为依据，这是一种较为客观的定价方式。但土地与之不同，不是由人类劳动创造出来的有价值的产品，没有生产成本一说，所以不需要依据其生产成本来定价。

2. 代表土地的权益价格

土地是一种能够为人们提供产品和服务的财产，而且这种提供是永续的，如何获得土地提供的产品和服务，与土地权利有直接的关系。本质上而言，土地交易是财产权利的交易，土地市场交易中，买方在购买行为发生之后拥有了获得土地收益的权利。土地权利是集土地所有权、使用权、抵押权、租赁权等众多权利于一体的集合。通过购买土地拥有土地权利，进而能够获得土地收益。

3. 根据土地需求定价

一般商品的市场价格主要取决于市场供求情况，土地是特殊的商品，不直接根据市场需求来定价。人为因素不能直接改变土地的自然供给，土地的经济供给不像普通商品那样有很大的弹性。所以，土地供给不会像土地需求那样有较大的变动。土地需求在很大程度上决定土地的市场价格。随着人口规模的不断增长和社会经济的快速发展，土地需求量不断增加，土地价格随之上涨，在人口规模不断缩小、社会经济停滞不前的国家或地区，土地价格会随着土地需求的减少而显著下跌。

微观层面上，土地供给在某个具体地域性市场上也会有一定的变动，对某个购买方而言这种变动更为明显，购买方往往在某一价格水平下从众多土地供给中对最符合自己需求的土地做出选择。

4. 地域性特征

土地位置固定，基本不具备流动性，这也是其与其他产品的一个显著区别。这个特点也决定了土地市场的地域性和土地价格的地域性。土地市场与价格的地域性使得统一的土地市场均衡价格无法形成，不同地域市场的土地价格相互之间不会产生明显的影响，因而，我们往往根据某一地域性市场内的土地供求情况来确定该地域的土地价格，而且土地交易双方一般是面对面议价和成交的。

5. 呈上升趋势

现阶段，社会对土地的需求随着人口的增长和经济的发展而不断增加，地租上涨趋势十分明显。与此同时，随着产业结构的不断优化升级和高新技术在产业发展中的广泛应用，在社会生产中工人劳动总量所占的比重有缩小的趋势，社会资本的构成发生了变化，直接影响了社会平均利润率，使之不断下降，随后利息率下降的现象出现。土地价格在土地租金上升和利息率下降的情况下呈现出上升的趋势。

二、土地价格管理的含义

土地价格管理是依据一定时期内国家经济政策和土地市场状况等，制定相应的地价管理制度，调控和管理土地市场中的土地价格，以确保交易双方和国家等各方面的合法权益，维护土地市场的健康发展。因此，土地价格管理主要是制定土地价格管理制度和土地价格管理政策。

三、土地价格管理的作用

土地价格管理有调控和引导土地市场中地价水平和地价标准的功能，具有促进土地合理利用，规范交易行为、规范土地市场，防止国有土地收益流失等作用。

下面具体分析土地价格管理的重要作用。

（一）合理配置土地资源

在土地价格管理中，政府部门对土地有偿使用制度加以完善并监督实施，对土地价格进行调控，引导企业合理用地，并优化配置土地资源，促进土地资源利用效率的提升。此外，用地者选择土地考虑的是用途和经济效益的适宜性，对此，政府通过土地价差进行正确引导，促使土地资源的配置更为合理，使土地发挥其最大的优势和最好的作用。

通过土地价格管理，还能使土地使用者在权衡土地用途与土地效益的适宜性后做出是否转让土地的决定，尽可能使能够最大化利用土地的主体使用土地，发挥土地的最大潜力，防止土地资源浪费。

（二）调节土地供求关系

通过地价管理，可以对土地的供求关系进行调整。若土地的市场需求比实际供给大，可通过提高土地价格来抑制一些盲目的需求，并对土地的供给起到一定的刺激作用。而当土地的市场需求小，供给量大时，则调低地价，以起到对土地供给的抑制作用和对土地需求的刺激作用。可见，土地价格管理有助于对土地供求关系进行调节。

（三）促进土地市场管理

在土地价格管理中，有关部门在进行一系列的评估之后建立了基准地价体系，这能够为政府从宏观层面上调控土地市场提供科学依据，也能为分配土地收益提供一定的标准。此外，对出让地价机制的确立、地产抵押值的评估、土地增值税的计算等也需要将基准地价作为一项主要参考依据。所以说，土地价格管理有助于优化土地市场管理。

（四）规范土地交易行为

土地市场中有一些不合法不合规的交易行为，如交易者采用少报地价、隐瞒不报等恶劣手段进行土地交易，以此来逃税。这种行为对土地市场秩序造成了恶劣的影响，也使国家经济蒙受损失。通过土地价格管理，尤其是对地价登记管理制度加以完善与落实，能够保证交易秩序的规范性和交易行为的合法性，使交易者据实申报地价，按规定缴税。在管理中要严格惩罚瞒报、少报等不良市场行为，维护公平公正的市场秩序和规则。

另外，通过土地价格管理还能治理土地市场上的一些投机行为，比如一些交易者囤积土地，在土地价格上涨后再出手，从中获取巨大经济利益。对此，政府必要时需采取法律手段来干预这种行为。

（五）合理分配社会财富

土地具有地域性，不同地域的土地因为地理环境、自然条件等因素的区别而存在一定的差异，这种天然的差异也造成了不同地区之间的级差地租。当某个地区发展前景良好时，政府会加大硬件建设力度，改善当地的各项社会条件，当地的土地价格会随之上涨，级差地租因此而产生。对此，国家可以通过地价形式将级差地租转归国有，进而在更大的区域范围内进行合理分配，从而保障社会财富分配的合理性。

（六）保护国有土地收益

通过土地价格管理还有助于保护国有土地收益，这一作用主要体现在以下两个方面。

第一，通过土地价格管理，依法评估登记国有资产中的土地资产，将这些土地资产的总量、分布情况核实清楚，以防土地市场上出现非法转让划拨土地的使用权的行为。

第二，在土地二级市场的交易活动中合理评估土地，合理制定出让地价，尽可能保护国家利益。

（七）规范土地估价方法

对土地价格评估制度予以制定，使土地估价方法和估价程序得以统一、规范，这样可以使估价结果的精度得到提升，防止随意估价，解决估价行为不规范的问题。为促进我国土地估价水平的提升，需要在土地价格管理中注重审查土地估价机构的资格，认证估价人员的资格，对专业估价人才进行科学培养。

四、土地价格管理的要点

从我国现阶段土地价格管理政策和土地市场情况出发，在土地价格管理中要重点从以下几方面着手。

（一）培育土地市场主体，加强土地出让的计划管理

现阶段，我国土地市场还处于初步发展阶段，尚不能真正明确城市一级市场的供给主体。地方政府或土地管理机构在土地价格管理中普遍存在重地方利益、轻全国利益；重当前利益，轻长远利益；重局部利益，轻整体利益等不良现象。为了对合格的城市土地市场主体进行培育，将这一主体真正明确下来，可考虑对国有地产经营公司的组建，赋予其国有土地所有者的代理人的身份和行使城市土地所有权的权利。

组建国有地产经营公司，还要建立配套的运行机制，尤其要发挥激励—约束机制的作用，这样可以使一些表面代理的问题得到避免，而且有助于促使代理成本减少，对土地所有者的合法利益加以维护，进一步保护国有土地资产。

（二）加强城镇土地等级及基准地价的评估工作，建立基准地价定期公示制度

城镇间土地等的合理评定，有利于城镇间基准地价水平的横向比较，有利于上一级行政主管部门对区域性土地价格水平的宏观控制，规范政府对城

市土地价格的管理职能，以稳定土地市场，合理分配土地收益，避免故意抬高或压低土地价格，造成国有土地资产的流失和浪费。同样，城镇土地定级与基准地价的评估与定期公布也具有控制的作用与功能。

目前，在一些城市基准地价评估中，尤其是多个城镇同时开展基准地价评估时，存在基准地价评估复制化现象，即将一个城市的基准地价及其修正指数作为一个母本，其他城市，不管其城市性质、规模的差异，都统一复制，结果类同，削弱了基准地价的严肃性和权威性。

（三）重视土地市场中介服务，加强专门管理

土地市场是拥有巨大价值量的不完全市场，这是由土地自身的特性所决定的。在土地开发、土地投资、土地管理的系统工程中，中介服务的参与必不可少，土地市场中介服务体系主要由土地价格评估、土地测量、土地咨询、土地广告、土地经济、土地规划策划、土地监理等要素构成。目前，为了解决土地价格评估的随意性、盲目性及垄断性问题，有必要对城市土地价格评估市场予以开发与建立。我们必须清楚，在城市土地市场中，地价居于核心地位，若地价评估不合理，那么很难合理配置土地资源，也会影响相关生产要素的优化组合。

将地价评估中的垄断行为取消是进行地价评估市场开发与防止估价不规范行为发生的前提，抑制估价的垄断行为后，推动土地价格评估机构与土地行政管理部门的脱构改制，由评估机构自己承担风险，土地管理部门专业负责评估基准地价、编制地价指数，有时像评估土地使用权出让价格这样的市场评估活动也需要由管理部门出面参与。

第四节　土地市场的税收管理研究

一、税收与土地税收的含义

（一）税收

税收是一种依法强制规定的权利和义务关系，收税是政府的权力，交税是纳税人的义务。纳税人交税，并不是因为使用了国家的各种资源和财产，需要给政府以经济补偿，而是一种应尽的义务，是以法律为基础的。税收是国家依据其社会职能参与社会剩余产品分配的一种规范形式，即国家为了实

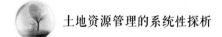

现其职能，凭借其政治权力，按照法律规定的标准，无偿取得财政收入的一种分配方式[①]。

（二）土地税收

土地税收是指国家为了满足公共需要，补偿社会费用，优化土地配置，调节经济生产，按法律规定的对象和比例占有、支配土地价值的一种特定的分配关系[②]。土地税具有强制性、无偿性和固定性的特点。

二、土地市场税收管理的主要内容

（一）城镇土地使用税

城镇土地使用税（土地使用税）是以城镇土地为课税对象，向拥有土地使用权的单位和个人征收的一种税。

1. 纳税人

土地使用税的纳税人是拥有土地使用权的单位和个人。拥有土地使用权的纳税人不在土地所有地的，由代管人或实际使用人缴纳；土地使用权有权属纠纷的，由实际使用人纳税；土地使用权共有的，由共有各方划分使用比例分别纳税。

2. 课税对象和征税范围

土地使用税在城市、县城、建制镇、工矿区征收。征税对象是上述范围内的土地和集体所有的土地。

3. 计税依据

土地使用税的计税依据是纳税人实际占用的土地面积。纳税人实际占有的土地面积，是指由省、自治区、直辖市人民政府确定的单位组织测定的土地面积。

4. 减免

（1）对于一些特殊类型用地，如国家机关、人民团体、军事队自用的土地，财政拨付事业经费的单位自用的土地，宗教寺庙、名胜古迹自用的土地，市政街道、广场、绿化等公共用地，以及直接用于农林牧渔业生产用地，经批准的整治的土地与改造的废弃土地，能源、水利等设施用地，免征土地使用税。

---

① 沈彭. 土地管理工作实务［M］. 北京：中国大地出版社，2003.

② 沈彭. 土地管理工作实务［M］. 北京：中国大地出版社，2003.

（2）对于因自然灾害或其他有困难的纳税人，可以根据具体情况，由省、自治区、直辖市税务机关审批，决定减免。

（二）耕地占用税

耕地占用税是对占用耕地从事非农业生产建设的单位和个人征收的一种税。

1. 纳税人

凡占用耕地建房或者从事其他非农业建设的单位和个人，都是耕地占用税的纳税人，包括国家机关、企业、事业单位，乡镇集体企业、事业单位，农村居民和其他居民。

2. 课税对象和征税范围

耕地占用税的课税对象，是占用耕地从事非农业建设的行为；耕地占用税范围包括国家所有和集体所有的耕地，耕地是指用于种植农作物的土地，占用前 3 年内用于种植农作物的土地，也视为耕地。

3. 计税依据

耕地占用税以纳税人实际占用的耕地面积为依据，按照规定税率一次性计算征收。耕地占用税实行据实征收原则，对于实际占用耕地超过批准占用耕地，以及未经批准而自行占用耕地的，经调查核实后，按照实际占用耕地面积，征收耕地占用税。

4. 加成与减免

（1）对于经济特区、经济技术开发区和经济发达地区、人均耕地特别少的地区，适用税额可以适当提高，但最高不得超过规定税额的 50%。

（2）对于单位或个人获准征用或者占用耕地超过两年不使用的加征按规定 2 倍以下的耕地占用税。

（3）对于农村居民占用耕地新建住宅，按规定税额减半征收

（4）对于部队军事设施用地、铁路沿线、飞机场跑道、学校医院等用地，可以免征耕地占用税。

（三）契税

契税是在土地使用权及房屋所有权发生转移时，按当事人双方订立契约时对产权人征收的一种税。

1. 纳税人

契税纳税人为在土地使用权与房屋所有权权属发生转移时，承受的单位

和个人。土地房屋权属包括土地使用权出让、转让（包括出售、赠与和交换）、房屋交易（包括买卖、赠与与交换）、以土地房屋权属作价投资或入股、抵债，或以获奖方式、预购方式或预付集资建房款方式承受土地房屋权属的。

2. 课税对象

契税的征税对象是发生相对性转移的土地使用权与房屋所有权。

3. 计税依据

契税的依据是土地房屋产权转移时双方当事人签订的契约价格。但对于隐价、瞒价等逃税行为，征收机关可以直接委托房地产估价机构进行不动产评估，以评估价格为计税依据。

4. 减免

（1）对于国家机关、事业单位、社会团体、军事单位承受土地房屋并用于办公、教学、医疗、科研和军事设施的，免征契税。

（2）对于城镇职工第一次购买住房的，或因不可抗力灭失住房而重新购买住房的，免征契税。

（3）纳税人承受荒山、荒滩、荒丘土地使用权，而用于农、林、牧、渔业生产的，免征契税。

第六章
土地规划管理研究

土地规划管理研究是指导和落实我国土地相关政策的直接手段，土地规划管理的科学性、时代性以及适用性将决定着我国土地资源利用的效果，维护国家、社会以及经济的发展具有重要意义。本章将从土地规划的基本内涵、土地规划的编制研究和土地规划的相关管理研究三个方面展开研究。

第一节　土地规划的基本内涵

一、土地规划的概念

（一）土地规划的定义

土地规划是指对土地利用和管理的长期计划或远景规划。一般来讲，土地规划就是根据国家的发展战略，以促进国民经济建设和发展为基本出发点，并且还要做到切合实际，比如根据土地本身的地质、地域、地貌以及土壤等自然情况，选择最适宜的利用和发展方式，通过科学的规划和分配，对土地资源进行协调、开发、治理、利用、整治、保护等全局性和战略性的规划管理。

土地是地球上最重要的自然资源之一，是所有生物赖以生存的基础，具有不可替代的价值和作用。因此，对土地资源的规划和管理，是人类责无旁贷的使命，这不仅关乎人类自身的生存与繁衍的问题，而且也将决定着地球上一切生命体的命运。所以，世界各国对非常重视土地资源，对土地的规划和管理工作从未停止过，全世界都始终在寻找更加可靠和有效的土地利用方法。

（二）土地规划的概念辨析

理解土地规划的概念，首先需要与土地调查和土地利用结合起来进行，并区别他们之间的不同含义。实际上，土地规划和土地调查以及土地利用之间具有你中有我、我中有你的深刻关联。首先，土地规划是建立在土地调查的基础上，以土地利用为目的的手段，因此这三者之间有着彼此呼应的关系。其次，土地规划又是土地调查的因，因为需要合理规划土地，所以需要对土地资源的各个属性进行详细的调查，在完成土地资源调查、土地利用现状调查、土地评价和土地利用分区的基础上，再进行科学的规划。这是人们合理利用土地的前提。

总之，土地规划不是单独进行的，而是与土地调查、土地利用等同时开展的一项有计划、有目的、有系统地对土地资源实际管理工作。我国对土地规划的工作从建国初期就开始了，国家对土地资源的利用和发展非常重视，因此，从一开始就从理论研究与实践调查结合进行，并且还在高校设立了土地规划的相关专业，为日后的土地研究与发展工作打下了坚实的基础。

图 6-1　土地规划

二、土地规划的特性

由于土地的自然属性以及土地在社会经济生活中的特殊地位所决定的，土地利用规划具有以下特征。

（一）综合性

1. 要协调多个部门的需求

在土地规划的过程中，必须兼顾各个部门对土地的要求，以及不同部门对土地资源利用的周期性和实效性。比如林业发展的周期长，收益缓慢，但是对国家整体的环境、水土保护、生态健全等方面具有重要的意义。而工业建设用地发展周期较短，社会收益显著，因此，很难简单地评价什么重要什么不重要，而是需要综合考虑，全面协调。不过，不管各部门的用地矛盾多么胶着，都不能动摇保护耕地的基本原则。国家在进行土地规划时，必须以保障足够数量和质量的农用耕地为前提，然后在各级土地管理部门根据各地的发展需要的权重，综合地规划和分配土地资源。

2. 需要多个领域的专家合作进行

同时，土地规划是对全部土地资源的开发、利用、整治和保护所做出的全面规划，涉及技术、经济、法律等不同领域的专业知识，需要大量的专门人才公共努力才能将土地规划的工作。

（二）长期性

土地是地球表层的重要物质资源，它的形成和发展经历了漫长的历史过程，土地的承载功能和生产功能，都是经过复杂且长期的气候、环境、生物等多种因素的作用下形成的。同时，人类对土地的利用也同样经历了相当长期是实践与摸索，才获得今天的这些开发和利用的能力。

对土地的规划，也应该具有发展的眼光，通过对不同社会历史阶段土地利用的结构与方式，以及为未来发展趋势的展望，结合当前的发展目标和科学技术，从而做出对土地资源利用的合理规划与安排。今天，为了使土地利用的变化能同今后长期的经济发展过程相协调，减少经济建设与土地利用之间的矛盾，也需要有一个长期的规划，使其逐渐地变化、适应以求全面协调。因此土地规划的期限一般均在十年以上，这就是土地规划的一个重要特性——长期性。

（三）可变性

由于影响土地利用的人口、科学技术的发展水平、社会经济的发展等诸多因素是不断变化的，因而土地利用也是在不断变化的。同理我们也不能设想有一个理想的、永恒的土地利用的模式和土地利用规划。土地利用规划只能在一定时期内起作用，随着时间的推移，我们要重新制定新时期的土地规划。另外，即使是在一个土地利用规划的执行期间，还会因为一些重要的影响因素的显著变化，以及一些无法预料的情况的发生，都会影响的改变原有的土地规划目标这时候就需要及时进行修订和纠正，以适应当前的实际情况。由此可见，土地规划具有可变性的特性，这时在做规划的初期就应做好相应的设计准备，为日后的修改提供便利。

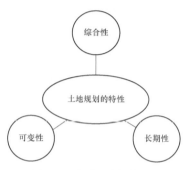

图 6-2　土地规划的特性

三、土地规划的分类

土地规划是将有关学科在土地利用上的研究成果进行综合运用，以全面的解决合理利用土地问题的一项长期计划。根据其范围和任务的不同，土地规划可分为区域性土地规划和企业内土地规划两大类。

（一）区域性土地规划

区域性土地规划是国家对土地资源进行治理的最主要的形式，也是最基本的形式，在对土地利用开发的过程中，从国家的发展战略出发，着眼于大范围的土地规划与利用，包括对土地资源的清查及其综合评价，合理组织土地利用，合理配置及确定各企业的土地利用范围等内容。但是区域性土地规划更像是一种宏观指导，即按照行政区的划分为单位，将相应地块的价值与利用目标相结合，可以有以省（自治区、直辖市）地（市、自治州）县（旗）等为单位的划分，也可以跨行政区的划分，比如以经济区特区、经济开发区为单位，如黄淮海土地利用规划，松辽平原土地利用规划，以及长白山林参用地土地规划等专项规划都属于区域性土地规划。

区域性土地规划又是一个多层次的规划体系，我国目前推行三个层次的土地规划。

1. 全国土地利用总体规划

全国土地利用规划是指，从国家近期和长期的发展战略为基本出发点，确定全国土地利用的基本方针，并以各省（市、自治区）或者经济开发区的土地利用为基本单位的土地利用的规划指标。全国土地利用规划是我国土地规划的总指导，各个省市自治区内的土地规划都要以此为依据，作为接下来土地利用管理工作的总体指导，尤其是重要的基础设施工程的用地范围，是实施规划的政策和措施的依据。

2. 省级土地利用总体规划

在全国土地规划的指导下，省级单位的土地规划是以全国土地规划为纲要，结合本省土地资源的特点和发展前景，来确定本省（市、自治区）的土地利用目标和方向，包括具体的对工农业生产基地与商业交通的布局，并作为县级规划的依据。

3. 县级土地利用总体规划

县级土地利用是实施国家土地利用规划的落脚点，其主要内容是根据省级地利用总体规划的要求，结合当地的土地资源的特点及自 然、经济条件进行具体的编制。县级土地利用规划主要确定本县不同地区的土地利用方向、骨干工程项目、各业生产基地的布局和用地范围。各部门用地规模、土地利用结构的规划指标等。

（二）企业内部土地规划

企业内部的土地规划一般是指农业企业，因为农业企业用地面积较广，需要根据实际的发展情况进行合理的调整，因此，在需要的时候做好内部土地规划工作。而非农业企业由于所管辖的土地面积较少，且目的明确，不容易改变，因此几乎无需进行内部规划。

实际上，农业企业内部的土地规划工作，不仅是国家有效管理土地资源的一项手段，而且也是农业企业自身的一项基本生存能力，是企业发展的重要条件。农业企业是建立在土地利用的基础上，对土地利用具有强烈的依赖性，因此，土地规划的科学与否，将直接决定着企业的生存状况。因此，无论从哪个方面出发，农业企业内部的土地规划工作都具有较强的现实意义。农业企业内部土地规划内容很多，具体如下。

第一要解决企业土地利用的范围、边界，以明确土地利用的权属，便于进一步地实施规划与开发；

第二要划拨各业用地，满足各业对土地的特殊要求，在资源量上又要与各业生产规模相适应；

第三要对生活区、居民点内部进行合理的设计；

第四要对渠系、林带、道路、田块等项目进行全面布置，以及对各工程项目进行单项规划设计，等等。

四、土地规划的任务

对土地资源的合理开发与利用，是我国长期稳定发展的基本前提，也是对社会发展的强大后援和支持。对土地资源的规划也是我国逐渐完成小康社会、从大国到强国，以及为实现第二个百年计划做出坚实的准备工作，这就是当前时期我国土地规划的总任务。通过合理的土地利用、合理的规划管理、合理的生产建设，从而促进国民经济的全面发展。在具体的实施过程中，可体现为以下几个方面。

（一）科学管理有限的土地资源

土地资源是稀缺的、有限的，无论哪个国家，都非常重视对土地资源的保护和利用。而科学规划是合理利用、管理和保护的前提，土地规划的首要任务就是监督土地利用，避免对土地资源的滥用、损坏和荒废，通过国家对土地资源的全面清查，结合当前发展的实际需要，包括对各个行业的发展状况以及对土地资源的需求程度，在综合考虑，全盘协调的基础上，制定最佳的土地规划方案，从而促进社会的有序发展。通过土地规划能够详细而准确地掌握以农业企业为单位的，各行政区、各类经济区的土地统计资料和有关图件。

科学管理土地资源，还包括系统的反映土地数量的增减和质量的变化情况。总之，土地的管理和利用，要以科学为依据，以法律为准绳，以科学保护和合理利用土地资源为出发点，实行土地的规划和管理。

（二）合理分配和利用土地资源

以我国当前的社会发展情况来看，对土地资源的规划需要与时俱进，顺应时代的发展，科学地、合理地分配各种土地，使地尽其利，不能因为管理工作的失职，而影响了国家整体的战略发展计划。

我国正处于迈向强国的关键发展阶段，面对国际上的复杂形式，需要将各种资源进行合理的分配，尤其是土地资源，关系到我国的国家粮食安全和社会主义建设的长期发展趋势。在保护农耕地的前提下，把适合发展农林牧业的土地统统划拨给农业企业，适合建立厂、矿、交通的土地拨给厂、矿、工业交通部门，使土地发挥更大的经济效益。土地规划的任务要确定划拨和征用的土地，做好各类用地位置的选择和最终划定各业用地界线。

（三）平衡环境与生产的复杂要求

土地规划的中心任务是平衡各方要求，建立合理的用地结构。具体地说就是，既要满足社会生产的要求，也要满足稳定的生态环境的发展需要，这可以体现在以下两个方面。

1. 要满足社会生产包括充分适应国家高速发展的需要

满足社会生产的需要包括工业、农业、商业、交通运输业以及国防、旅游、自然保护等各方面的用地需要，为各项产业和国民经济活动的发展配置足够的土地资源。

2. 要符合国际上对环境保护和生态平衡的要求

即通过土地规划，使各业用地得到合理的配置，使其在使用中根除水土流失、土壤劣变的趋势，能朝着防风固沙、涵养水源、积累土壤有机质的方向演变发展。消除土壤污染，草原沙化、碱化，现象。在土地利用方面，应本着宜林则林、宜牧则牧、宜农则农、宜渔则渔的基本原则，并且还要将农、林、牧、渔进行有机地结合，追求布局合理、比例恰当，实现农林牧渔的相得益彰，从而实现土地的永续利用。

（四）创造科学的土地利用条件

随着社会的不断进步，农业生产也在与时俱进，在土地上的开发和利用方面，也进入了现代化的生产管理模式，现代农业要求专业化、科学化的管理。因此，在土地资源的利用方面，从对土地的养护、生产、相邻分配、气候影响等多方面进行规划和布局。

另外，开展农村工业要对其作出土地的合理配置的科学准备，以其在厂房地基的选择、货场的设置、道路的建设等自然、社会条件综合因素方面，为农村工业的发展奠定基础。因此，在进行土地规划时，要按照现代化的经济发展的要求，按照当前生产力与生产关系的实际情况，进行全面规划，确保城乡经济的协调发展。

五、土地规划的理论支持

（一）系统工程论

系统是由不同层次、不同性质的元素组成的一个整体结构，系统组成元素是研究系统结构与系统整体性的主要着眼点。系统的组成元素有哪些，哪些是基本元素，哪些是主要元素，哪些是次要元素，这都是在系统结构研究中要弄清的问题。从系统这个整体来看，系统决定了其各组成元素的属性及功能。任何一个元素的变动又会使整个系统的运作发生变化，元素对系统的影响可以用"牵一发而动全身"来说明。元素的基本属性决定了其在系统中发挥的作用，不同性质的元素在系统中各自发挥着不同的作用，系统中任何一个元素的作用都是必不可少、不可替代的。倘若某个元素的作用对系统整体没有影响，可以被替代，那么该元素就没有存在的意义了，应该从系统中清除这类没有价值的元素。

系统的组成元素多种多样，有些元素在很大程度上影响着系统整体的性质与功能，甚至起决定性影响，我们将这些主导性的关键元素称为系统的"要素"。什么样的元素可以成为系统的要素，要根据元素所能发挥的作用及其对系统整体的影响程度来判断。不同元素对系统的重要性都是相对而言的，元素和要素能够相互转化，对系统有重要意义的元素可以转化为要素，而当系统的结构、性质或其与周围环境的关系发生变化后，原来的要素也可能重新成为普通的元素，而原来的普通元素转化为要素。

系统理论起源于 20 世纪 20 年代，但该理论迅速发展及得到广泛应用是在 20 世纪 40 年代之后，这一管理理论的实用价值很强，主要在经济、军事、农业、工业、体育和教育等领域的管理中得到广泛应用。

系统理论的基本观点是，任何事物都是一个由诸多要素有机组成的"系统"，系统内各个组成部分之间密切联系，同是与系统外部环境存在一定的联系，系统内、外环境之间及系统内各组成部分之间是互相联系、互相影响和互相制约的，有机把握系统内部联系，处理好系统内外关系，有助于促进系统功能的增强和系统运作效率的提升。

在土地规划中，对一些土地利用问题的处理需要以系统工程理论作为基本指导思想，在该理论的指导下确定土地规划的基本思路。基于系统工程理论进行土地规划，需要树立系统观和整体观，对土地资源的综合性、整体性等特征予以考虑，从系统的角度看待土地利用的全过程，在此基础上完成概念模型的建立和资源分析，最后在评价环节也要从系统论出发进行全局评价，从而将能够促进系统目标实现的各种条件和要求确定下来，然后优化各项条件，满足各项要求，有针对性地开展具有系统性的土地规划活动。

土地规划涉及的学科多种多样，具体如社会科学、地理学、环境科学、生态学、经济学等。正因如此，才为集合各学科的理论方法而综合构建土地规划系统工程的理论方法体系奠定了基础。在系统工程论的指导下进行土地规划系统工程研究，主要采取两种研究方法，第一种是系统分析法，即系统性地剖析土地利用情况，对系统的结构、要素及约束条件有准确的把握。第二种是系统综合法，即在系统分析土地利用情况的前提下，深化对系统的整体认识，充分发挥系统的功能而促进系统结构的优化和整体的完善。系统综合法的核心是模型化方法，也就是抽象化处理客观存在的系统，形成抽象的概念模型、物理模型或数学模型，然后从模型运行规律出发推断和模拟客观存在的系统的动态行为。在系统工程理论下进行土地规划时，线性规划、德尔菲法、灰色预测、层次分析法、模糊聚类、模糊综合评价等是比较常用的模型。

土地规划是一个系统工程，它具有自己的逻辑步骤，分不同的阶段去实施，这就决定了土地规划系统工程的应用过程同样具有阶段性。这项系统工程具体包含哪些内容，如何逐步去实施各项内容，这些问题都能在实施阶段找到答案。在分阶段实施各项内容时，要遵循一定的逻辑步骤，也就是实施过程中具体的程序和方法，土地规划系统工程实施的过程系统正是由逻辑步骤和实施阶段紧密联系形成的。具体而言，在土地利用规划系统工程中，具体包含以下几个阶段的内容。

1. 土地规划编制

在土地规划中，抽象分析是定性的，主要决策是定量的，而实施工作是定位的，每一步都很关键，缺一不可。而且定性分析、定量决策和定位实施

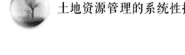

三者之间密不可分，分析是决策的基础，决策是基于分析的精密化和数量化决断，在分析和决策的基础上又要进一步进行具体化和深化的定位实施，规划方案的实施最终要落实到定位实施这一步。

土地规划的过程是定性分析、定量决策和定位实施三者有机结合、相辅相成的过程，三者也是土地规划系统工程中的三个子工程，其中定性分析是基础工程，其为整个系统工程的运作提供基础支持，主要是对土地利用的适宜性问题加以解决，工程的规划与实施都要定性分析的结果为依据；定量决策是辅助工程，为整个系统工程的运作与管理提供辅助工具和技术手段；定位实施是主体工程，为整个系统工程的运作提供核心支持，对土地利用的结构优化问题予以解决。

2. 土地利用计划管理

土地利用计划管理主要是根据土地规划方案来具体计划与组织实施土地利用活动，并对土地利用过程进行监管与协调，促进土地规划方案目标的顺利实现。在土地规划的系统工程中，土地利用计划管理是非常关键的一个过程，也是系统工程的落足点，也就是说系统工程的运作要通过每一个计划的实施和管理才能实现。土地利用优化方案目标的实现、土地利用的效益都直接受到土地利用计划管理这一过程的影响。

土地利用计划管理的核心内容包括三个方面：

第一，土地规划实施的技术保证，即以土地管理信息系统为中心的各种管理方法和技术手段。

第二，土地规划实施的法律保证，即以土地规划实施的有关法规为中心的各种管理制度。

第三，土地规划实施的组织保证，即以各级土地管理部门为中心的有关管理部门。

土地规划方案的执行离不开技术保证、法律保证和组织保证，三者结合对土地规划实施具有重要保障意义。

3. 土地利用动态监测

在土地利用中，对具体利用情况进行监督、检查，对利用效果进行验证，期间所采用的相关措施都属于动态监测的范畴。定期定点观测与检查土地利用状况，对各类型土地利用的数量、质量及动态变化情况予以掌握，总结动态变化的规律，判断动态变化的趋势，从而为进行土地资源的开发利用和科学保护提供客观依据。动态监测的形式主要有定时、定点和随机三种，在具体实践中常常将三种形式结合起来使用。

土地利用的动态监测主要包括以下几方面的内容：

（1）监测土地利用水平。

（2）监测土地利用效益。

（3）监测土地权属变化。

（4）监测土地质量变化。

4. 土地利用效益评价

土地利用效益评价主要是综合评定土地利用效果，在土地规划方案的修订中和土地管理工作的改进中都要以土地利用效益评价结果作为基本依据。评价土地利用效益，主要是综合评价整体利用效益，为了追求土地利用整体效益和综合效益的最优化，在评价中要从多角度着手，具体包括以下几个评价角度：

（1）区域土地利用系统的角度。

（2）系统外部环境的角度。

（3）社会经济的角度。

（4）社会生态的角度。

（二）模型理论

从土地规划的系统工程论中我们了解到，系统分析法在土地规划管理中经常用到，但因为土地规划讲求综合效益，追求经济效益和生态效益的动态平衡，这必然会有很多变量涉及其中，所以若要进行定量规划和定性分析，难度是比较大的。有专家提出，可以采用建立数学模型的方法解决这一问题，建立该模型时主要参考数量经济学和技术经济学的模型理论，但不限于这两种模型理论，其他如土地规划的逻辑模型、结构关系模型和远景实物模型等也可以采用。

总之，土地规划可采用多种多样的模型，常用模型见表6-1。

表 6-1　土地规划的模型①

分类	模型类型	表述内容、方法	建模方法与用途
模型形式	实物模型	土地规划实体模型，土地规划远景实物模型	土地规划中按一定比例缩小建模
	结构模型	土地规划中各部门、模块之间的结构关系	用线段表示相互之间的关系，如框图、拓扑模型
	逻辑模型	土地规划中的步骤、方法、次序，有因果、时序、逻辑、思维的严密关系	用逻辑符号（如箭头）表示的图型，如逻辑框图、因果分析图
模型用途	评价模型	反映现实的经济效果	用成本-效益、现金流量表示
	预测模型	预报土地利用的未来趋势	时间序列模型、因果关系模型
模型结构	数学模型	用数学方程、逻拟式表达	建立微分/差分方程、传递函数
	图形模型	用图论法建立	链图、信号流、方框图、网络图
	推理模型	用思维推理建立	决策树、关联树、目的树
	仿真模型	用数学仿真语言表达	DYNAMO、GPSS、CSMP
模型客体	投入产出模型	描述综合平衡，投入产出关系	区域 Leontief 模型
	生产函数模型	描述生产要素与产出的关系	部门 Cobb-Douglas 和 CES 模型
	计量经济模型	描述内生、外生变量之间的关系	用以描述 GDP 与土地利用关系
	社会总体均衡模型	描述社会、生产、分配、消费之间的关系	区域 SAM 社会总体均衡模型，CGE 社会核算矩阵
	人口模型	描述人口出生、死亡、迁移的状况	区域人口模型
	资源模型	描述能源、资源的分配、规划	区域资源规划预测模型
	环境模型	描述环境要素之间的相互关系	区域大气污染扩散模型，非点源污染扩散模型
	生态模型	描述人与生态之间的相互关系	区域生态平衡-经济平衡模型

　　在土地利用规划的编制过程中，为了确定各类土地利用的结构，可以采用结构优化模型。因为模型主要是靠系统的结构支持，如果当客观情况发生变化，系统结构不受影响的话，那么只要适当修改某些参数，通过计算机仿真，就可以得到相应结论，从而了解系统的即时状态与动态变化。另外，也有一些管理者在土地利用规划方案的编制中习惯采用灰色预测模型、投入产出模型等模型，这些模型各有特点，也各有不足，建模者应根据具体要求和实际条件选择恰当的模型。

　　随着土地规划内涵的丰富和内容的拓展，土地规划的建模方法也不断改进与更新。土地规划模型的建立涉及多学科的理论与方法，具体包括计量经

---

① 濮励杰，彭补拙. 土地资源管理 [M]. 南京：南京大学出版社，2002.

济学、系统动态学、工程学、动态模拟、数学规划、对策论等学科理论和方法。在经济理论支持下构建的土地规划模型往往注重决策的行为性质，而在工程学理论支持下构建的过程模型往往含有大量的技术细节，因此在技术评价环节中适合采用这类模型。目前，建立与采用土地规划模型的一个主要趋势是将行为模型和过程模型结合起来形成综合模型。

（三）控制论

1. 土地规划线性控制系统理论

土地规划线性控制系统理论是控制论中发展较为成熟的理论内容。线性控制系统理论主要包括线性控制系统的能控性和能观测性、极点配置等内容，下面进行简要分析。

（1）系统的能控制性和能观测性

在土地规划控制系统的运行中常常会产生这样的问题：通过测量系统的哪些特征，才足以确定系统的全部状态?这其实就是系统的能观测性问题。对任何一个控制系统进行设计，都要考虑系统能控制性和能观测性，并将此作为首要解决的基本问题。在土地规划线性控制系统的设计中，同样首先要考虑控制理论中能控制性和能观测性的基本问题，从而为后续设计工作的顺利进行及系统的运作奠定良好的基础。

（2）极点配置

在土地规划控制系统的设计中，要求所设计的系统是渐近稳定的，也就是系统的系数矩阵的特征值都在左半开平面中。如果是设计反馈控制系统，那么不仅要求一切极点都在左半开平面中，而且极点具有任意给定的位置，这就是所谓的极点配置问题。在控制系统设计中，极点配置主要起到保证系统满足稳定性要求和满足系统设计性能要求的作用。

2. 自适应控制系统理论

自适应控制系统是指能适应环境变化而自己调整控制规律的控制系统，这种系统很受设计者的青睐。在土地规划控制系统设计中，设计者也常常追求设计这样的系统。在土地利用自适应控制系统的设计过程中，首先要对过程的参数进行估算，然后按新模型确定控制规律，接着参考随机控制系统的理论、使用系统辨识的方法完成对自适应控制系统的设计。

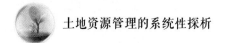

（四）结构优化理论

土地利用结构在时间上的合理安排和在空间上的优化配置是土地规划的核心内容。土地利用结构优化包含时间、空间、数量、用途和效益五个要素，各要素具有不同的意义：

时间：表明土地利用结构优化具有动态性。

空间：表明土地利用结构优化具有地域性。

数量：表明土地利用结构优化具有定量性。

用途：表明土地利用结构优化具有目的性。

效益：表明土地利用结构优化具有整体最优性。

土地规划的本质在于对合理的土地利用结构的建立，其中涉及经济、技术、生态等多方面的问题，整个过程错综复杂，在具体实施中要强调综合处理各种因素、各种关系和各个问题，使各种因素以最佳方式组合，使结构体系不仅完整，而且质量最佳、效能最强。土地利用结构是否合理，要看各部门用地数量和比例结构是否统一协调，要进行这一评价，就要采取系统分析的方法。在我国土地利用总体规划中，为促进土地利用结构的优化，常常采用定性或部分定量等传统方法，使用这些传统方法也可以拟定出可行的结构调整方案，但要求从生产的生态、技术、经济、社会等综合效益出发全面考虑其中的各种因素。采用传统方法所设计的结构优化方案一般只是可行方案，可靠性和精确度与最优方案有一定的差距，因此建议用系统方法设计土地利用结构的最优方案。

土地规划中的结构优化是一项复杂的系统工程，必须运用系统工程的理论和方法，借助计算机完成，通过模型设计实现，这又与前面分析的系统工程论、模型理论密切关联。

六、土地规划的基本要求

土地规划综合性、技术性很强，涉及多学科理论与方法，需要诸多专业人员共同完成，因而进行土地规划时，为了保证规划的科学性，提高工作效率，获得良好的综合效益，要遵循以下基本要求。

（一）统筹兼顾

土地的自然属性和经济属性决定了其对人类的功能和用途是丰富多样的。土地的常见用途主要有利用表层面积堆放货物，修路；利用土地肥力种植庄稼；利用地下体积开凿矿井、修建地下建筑物等。土地的利用途径如此多，人们对土地的需求也很多，所以在土地规划中必须强调对土地资源的合理利用，强调统筹兼顾的重要性，尽可能使各个部门对土地的合理需求都得到充分的满足。统筹兼顾的对立面是顾此失彼，如果做不到统筹兼顾，就会顾此失彼，导致一些合理的需求得不到满足，给国家和人民的利益带来损失。而只有统筹兼顾，才能"地尽其用"，为有关部门顺利运作和社会各方面协调发展提供保障。

在土地规划中要做到统筹兼顾，具体从以下几方面着手。

第一，协调农用地与工业用地、城镇建设用地的矛盾。

第二，在农业用地内部注意农、林、牧、副、渔各业用地的全面安排，使各个产业都能各得其所，全面发展。

第三，注意同一土地资源上的多方面综合利用，如地上空间植树造林，林下草地发展牧畜业等。

第四，在土地规划中整体考虑，处理好局部与整体、当前与长远的关系，兼顾各方面的利益关系。本着"着眼长远、立足当前，全面规划，分期实施"的原则，既要保证国家总体规划目标，又要兼顾地方人民群众的利益。

（二）严格执行国家政策和法令

土地资源具有稀缺性，国家为了保护土地，提高土地的利用效率，不断出台政策法令来规范与约束对土地的开发利用行为。在土地规划中，要严格遵守国家和地方的土地政策、法令及有关规定。基层土地利用规划尤其要做到这一点，因为基层土地规划大量涉及有关村、社、场、站及企业、农户的土地所有权和使用权问题。这些权限的调整与确定具有很强的政策性，因而必须严格执行国家相关政策和法令。

（三）因地制宜

我国幅员辽阔，在长期的自然条件作用下和人类的社会活动中，各地的土地类型呈现出鲜明的地域性，不同地区的土地各有特色，用途具有一定的差异性。因此我们在进行土地规划时要立足实际，因地制宜。要将各地土地利用的主要矛盾牢牢抓住，优先解决主要矛盾，并进行全面安排。例如，关于丘陵山区的土地利用规划，要解决的主要问题是防止水土流失，对坡地要合理利用，综合治理山、水、林、田、路，将土地资源优势充分发挥出来，全面安排土地利用，提高山区经济效益。

（四）实事求是

进行土地规划还要求做到实事求是，具体要在土地利用规划的编制中，以土地资源调查结果为依据，根据资源的数量、质量和开发潜力，以及各业生产的基础，实事求是地确定规划期内各业发展指标和土地利用结构。任何产业都不能为了追求高产值、高产量而不顾土地资源的实际状况，盲目提高指标，既不能大面积开垦荒地资源，也不能大规模退耕还牧，退耕还林；既不能大量压减粮食作物面积，也不能盲目增加经济作物面积。总之，各产业用地都应该立足现实，实事求是，应该有计划、有目标，按比例协调发展，切忌盲目开发和主观臆断。

（五）珍惜和保护农业用地

我国人多地少，人口不断增长、经济不断发展同土地资源短缺的矛盾越来越突出，按照当前我国城乡建设占地的规模和速度，土地资源短缺的问题将越来越严重。为解决这一矛盾，要求做好土地规划，在坚持统筹兼顾、全面安排的基础上，重点保护农业用地。我国人地矛盾尖锐，人均占有的农业用地较少，耕地后备资源短缺，而我国作为人口大国又不能完全依赖进口农产品为生，所以必须将保护农业用地作为土地规划的一项基本要求和基础原则。珍惜和保护农业用地具体要做到以下几点。

（1）在一定的土地生产率条件下，全国用于农业生产的土地面积应保证满足社会对农副产品的需求。

（2）扩展非农业建设用地时，对农用地尽可能不占或少占，尤其是耕地。

（3）注意优质农业用地保护区和高产农田保护区的优质耕地资源是严禁占用的。

（4）为满足社会对农产品的合理需要，在土地规划中要适当调整和扩大农业用地面积。

（六）追求综合效益

土地是稀缺资源，是人类赖以生存的基础物质条件，具有不可替代性，在土地利用规划中必须讲求经济效益。但土地利用不止要满足人类生产需求，还要满足人类生活以及其他需求。因此，在土地规划中除了要考虑物质生产方面的经济效益，还要考虑非物质生产方面的非经济效益，或者说无法直接用经济效益衡量的社会效益。

此外，土地利用规划中还要考虑其生态效益，因为土地本身就是自然生态系统的有机组成部分之一，土地的经济利用会在一定程度上改变自然生态系统，促使生态系统的运转形成良性循环机制，所以考虑土地利用的生态效益是必然的。

总之，土地利用规划中要追求兼顾经济效益、社会效益和生态效益的综合效益，促进不同效益的协调统一。

第二节　土地规划的编制研究

一、土地总体规划编制的理论

编制土地利用总体规划是现阶段土地资源管理的核心任务之一。《土地管理法》第十七条规定"各级人民政府应当依据国民经济和社会发展规划、国土整治和资源保护要求，土地供给能力以及各项建设对土地的需求，组织编制土地利用总体规划"。

（一）土地总体规划编制的原则

根据《土地管理法》第十七条的规定，土地利用总体规划的编制应遵循以下原则：

1. 保证农耕地的数量和质量

土地利用总体规划的重点，首先是对农耕土地的保护，无论如何都要保证我国农田的数量和质量保持稳定的平衡，尽管当前社会高速发展，各个产业都在争夺土地资源，包括房地产、工业、体育、交通等。诚然，社会的发展需要全方位的推进，但是依然要严格控制城市、集镇和村庄建设用地的规模。其次是各级人民政府要在认真审查和审核城镇用地的基础上，确定耕地不被建设用地侵占，保证我国农耕的稳健发展。

2. 提高土地利用效率

在土地利用总体规划的编制中，要认真分析城乡各类用地，特别是建设用地的潜力，在此基础上严格控制城镇村庄的用地规模，促使土地的集约利用；通过建设用地控制指标，土地开发指标以及严格控制城镇村庄用地规模来体现提高土地利用率的要求。

3. 统筹安排各类、各区域用地

土地利用总体规划的另一工作重点体现在对区域土地资源的统筹和协调发展。在国家长期发展战略的指导下，在促进国民经济和社会发展的目标下，在严格依法保护耕地的前提下，进行科学编制，并采纳和听取各产业部门和各地区的意见，统筹安排农、林、牧、渔、建等各业用地，在各区域间合理配置土地资源。

总之，我国新时期的发展方向是稳步实现从大国到强国的转变，这是指导各类、各区域土地资源利用的总的指导方针。

4. 保障土地的可持续利用

在土地利用总体规划编制中，要体现全国和各省、自治区、直辖市的耕地保有量只能增加，不能减少；保证必要的耕地面积，这是我国社会经济可持续发展的基础和前提。在确定耕地开发区时，要充分考虑开发活动带来的环境影响，要避免因耕地开发造成新的水土流失、土地沙化等不利影响。划定耕地开发区时，要经过环保论证。

5. 占用耕地与开发复耕相平衡

在土地利用总体规划编制中，要体现占用耕地与补充耕地平衡。这不仅是指标上的平衡，还应在土地利用分区上得到反映。并且，不仅要做到耕地占用与开发的动态平衡，还做保证开发复耕土地的质量要满足相应的耕种标准。比较常规的做法有，划出足够面积的基本农田保护区和一般耕地区，以及与耕地占用相匹配的耕地开发区和土地整理与复垦区。对于自行开垦的耕地，要实现做好有关土地耕种指标的调研，包括土地的肥力、当地的气候以及周边是否有水土污染源等，从而保证复耕土地能够真正地投入生产，缓解耕地占用的压力。

（二）土地总体规划编制的依据

1. 促进土地的可持续发展

土地总体规划编制是促进我国国民经济和社会发展的整体规划，也是进行国土整治、资源保护和生态环境的必经途径。土地是国民经济和社会发展的基础资源，经济和社会发展的要求必然会反映在对土地利用的要求上，要实现国民经济和社会的可持续性发展，对于土地的利用，必须符合国民经济和社会发展规划的要求，保证国土整治和对资源环境保护的需要。同时，土地关系到环境和生态的健康发展，因此，对土地总体规划编制应全面考虑各方需求，制定出能够满足社会各项发展的、与时代需求相适应的土地利用制度。

总之，必须将国民经济和社会发展规划，以及国土整治和资源环境保护的要求，作为土地利用总体规划的基本依据。

2. 平衡农耕和建设的发展需求

土地资源最根本的功能是为人类提供粮食、筑建居所。然而随着地球人口的不断膨胀，以及人类社会的快速发展，土地资源的稀缺性越发明显。这时候，平衡农耕与建设的发展需要就具有了一定的紧迫性。中国作为一个人口大国，政府对粮食安全问题一直都非常重视，在土地规划和利用的过程中，一直将保护耕地作为土地规划的基本原则。但是，新时期社会发展有着更加复杂的挑战，不仅要保证耕地不被破坏，还需要大力发展社会建设，提升国家的综合实力，既要平衡农耕地和各项建设对土地的需求，也要满足国民经济和社会发展的要求。

因此，土地利用总体规划必须在保证耕地总量不减少的前提下，统筹安排各类用地，对于非农业建设用地则要根据本地的土地供给能力安排。

（三）土地总体规划编制的意义

编制和实施土地利用总体规划是解决各种土地利用矛盾的重要手段，也是保证国民经济顺利发展的重要措施。因此，土地利用总体规划对实现我国社会主义现代化建设具有重要意义。

1. 合理利用土地，避免水土流失

土地利用总体规划是与土地的自然条件、社会经济条件和国民经济、社会发展相适应的土地利用长远规划，因此它是合理利用土地的基础和依据。我国国土面积辽阔，土地资源丰富，但是有相当长的时期，实际上都处于一种低效的随意利用的状态，尤其是改革开放初期和中期，由于一味地追求GDP，有不少地区出现盲目建设的情况，比如在居民密集区和农田耕种区设立具有污染性的工厂、盲目地采伐树林等情况，造成了水土流失、土地退化和土地污染的一系列问题。为了解决这些问题，防止土地利用的短视行为的进一步的发展，国家推出土地利用总体规划编制，对土地利用的方向、结构、布局做出符合全局利益和长远利益的宏观规划，借以指导各个局部的土地开发、利用、整治和保护。

2. 为国民经济持续、稳定和协调发展创造条件

我国人均耕地数量小，农业后备资源不足，在人口持续增长经济迅速发展、建设用地进一步扩大的形式下，对有限的土地资源如不做出统筹兼顾的长远安排，任其盲目发展的话，势必制约国民经济的健康发展和人民生活水平的进一步提高。

3. 是国家实行用途管制的基础依据

在土地资源紧缺的背景下，在不破坏资源的前提下，对每一块土地的充分利用是当前最主要的工作问题。而国家土地总体规划编制，就是保证任何一块土地都能基本按照土地利用总体规划所要求的那样进行使用，实行土地用途的科学管制。

（四）土地总体规划编制的特点

土地利用总体规划的编制，与部门土地利用规划专项土地利用规划等相比，具有以下特点：

1. 综合性

土地利用总体规划编制的综合性表现在：

（1）编制规划的对象是全部土地资源。

（2）不仅要在国民经济各部门之间进行用地的横向协调，使之达到综合平衡，也要在不同等级的区城中，进行用地的上下协调，形成一个完整的规划体系。

（3）要综合解决土地的分配、开发、利用整治和保护等方面的问题，不能顾此失彼。不能短时或者急功近利，甚至是造成不可逆的、对环境和生态的长期破坏。

（4）努力做到使生态、经济、社会三个效益总体呈现最佳效益，不可以采取牺牲一方成就另一方的消极方式。

2. 战略性

土地利用总体规划编制的战略性表现在，规划编制的重点内容是带有全局性的土地利用问题，并非仅仅是对当前问题做出反应，而是从更高的角度进行部署，制定土地利用的基本方针，是对土地资源的结构性调整。

3. 长期性

总体规划一般以 10 年或 20 年为期限。因此，土地规划一旦确定，就要坚定不移地执行，不要因为短期内没有明显的收益而懈怠。因为土地总体规划解决的是长远的问题，不可能在短期内就能实现，要有耐心、有信心、有恒心，这就是土地总体规划编制的长期性特点。

4. 动态性

土地利用总体规划的编制是一个动态的、发展的、连续的过程，这是其另一个主要特点。决定土地利用规划这一特点的主要原因在于，影响土地规划的重要因素都是随着时间的变化而变化的，比如，社会发展本身就是一个动态的过程，而科学技术也在不断地进步，同时人们对生活、对世界的认识和追求也在不断地发生变化，这就直接或者间接地影响着国家和社会对土地资源的需求方向以及对土地利用的规划安排。为了不断地适应世界发展的步伐，适应外部环境的变化，土地利用总体规划必须具有弹性，并随时做出调整。

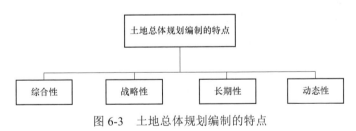

图 6-3　土地总体规划编制的特点

（五）土地总体规划编制的程序

土地利用总体规划编制的工作程序一般可分为准备、编制、审批和实施四个阶段。

1. 规划准备阶段

土地总体规划编制是一项非常复杂和繁重的系统性工作，需要做好充分的准备工作，因此，在正式进行土地规划之前，有必要将准备阶段也划入工作的整体范围之内。准备阶段具体的工作内容又分为以下几个方面。

（1）成立规划领导小组和规划办公室；

（2）拟定和上报规划工作方案和工作计划，并报同级人民政府批准；

（3）落实规划经费；

（4）对相关人员进行业务培训，并向相关人员详细介绍和讲解规划的总目标和阶段性目标、资源概貌、面临的主要问题等情况。

（5）完成规划任务书和工作计划的编制，包括明确规划的范围期限、指导思想、目的以及参与规划的部门、成果、领导机构、工作班子、方法和等。

（6）制订工作计划，详细列出所需收集的各种信息资料及来源，明确每一步工作的具体任务和方法，制定必要的规章制度，明确设备供应、费用预算、人员分工、确定时间进度等。

2．编制规划阶段

正式进入编制规划阶段后，重点要完成以下工作。

（1）整理和分析相关的资料，包括土地利用的现状分析、土地适宜性评价、土地供需预测等；

（2）根据上级规划控制指标及有关国民经济和社会发展计划的要求，结合当地的实际情况，确定规划目标和方针；

（3）确定土地利用结构和布局方案；

（4）进行土地利用分区，提出各区的土地利用方向和整治措施；

（5）编制各类用地规划平衡表；

（6）分解下达下一级规划的各类用地的控制性指标；

（7）制定实施规划的政策和措施；

（8）编制规划送审稿、规划说明书和规划主要图件（土地利用现状图和土地利用总体规划图）等。

3．规划审批阶段

土在土地总体规划编制的全部内容、图件、说明书等全部完成后，需要按照法定程序送交上一级地政部门进行备案和审批。

4．规划实施阶段

土地总体规划编制经过严格的审查后获得批准后，由地方人民政府正式公布实施。经过批准的土地利用总体规划具有法律效力，它既是各个部门利用土地的准则，又是各级地政部门编制中期和年度土地利用计划、审批、监督土地使用的依据。

另外，土地总体规划编制的实施不仅仅是地政部门的工作，广大的人民群众也具有知情权，因此还应向群众公布最新的土地规划细则，争取获得人民的广泛支持，这也是规划最终顺利实施的重要保障。

另外，土地规划编制工作中有相当一部分是关于用地调控的内容，表 6-2 就是最常见的用地调控指标表，可供有关单位和个人参考。

表 6-2　土地利用总体规划主要用地调控指标表

指标名称		规划基期年	规划目标年	目标年	指标属性
总量指标 （单位： 公顷）	耕地保有量				约束性
	基本农田保护面积				约束性
	……				预期性
	建设用地总规模				预期性
	城乡建设用地规模				约束性
	城镇工矿用地规模				预期性
	……				预期性
增量指标 （单位： 公顷）	新增建设占用农用地规模				预期性
	新增建设占用耕地规模				预期性
	新增建设占用耕地规模				约束性
	土地整治补充耕地任务量				约束性
效率指标 （单位： 平方米）	人均城镇工矿用地				预期性
	……				指标属性

（六）土地总体规划编制的内容

1. 全国土地利用总体规划编制的基本内容

全国土地利用总体规划是根据全国国民经济、社会发展长期计划和国家土地资源状况，确定全国土地利用目标任务和基本方针以及各省（自治区、直辖市）的土地利用方向和土地利用结构的指导性规划指标，并提出实施规

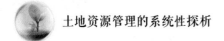

划的政策措施和步骤。

此外，其具体内容还包括协调各省（直辖市、自治区）之间的土地利用关系、划分全国范围的土地利用地域区、对跨省（市、区）的重要工程项目用地进行布局等。

2. 省级土地利用总体规划编制的基本内容

省级土地利用总体规划的任务是在全国土地利用总体规划的指导下，加强对全省土地利用的宏观控制和计划管理，协调部门之间、区坡之间的用地矛盾，合理分配和开发、利用、保护、整治省内土地资源，以促进国民经济和社会发展长期计划目标的实现。其编制的内容主要包括。

（1）确定全省土地利用的基本方针和基本目标

根据《全国土地利用总体规划纲要》的要求，应及时制定省级土地利用的基本方针，协助全省经济发展中，有关土地资源利用的工作。

（2）确定省内各地域土地利用的方向和原则

划分地域的主要依据是，土地利用的基本方针和目标，土地自然条件和社会经济条件的相似性和差异性。

（3）对省内的土地利用进行分区管理

根据各地域的土地利用方向、土地适宜性分类、社会经济发展需要，通常将土地利用区可分为农业用地区、建设用地区、人文及自然景观保护区、土地整理区、暂不利用区等。建设用地区可分为城市建设用地区集镇和村在建设用地区、独立工矿用地区、交通水利工程用地区、特种用地区等。

（4）制定全省土地利用调整指标

土地利用调整指标一般根据土地供给能力、国民经济和社会发展对土地的需求量制定。

（5）统筹布局跨省、跨区的基础设施用地需求

在省级单位内，还经常会涉及跨省、跨区等用地的问题，尤其是国家的道路、水利等技术工程用地，各个省级单位必须优先处理此类用地，以积极推进国家的基础建设工作。

二、土地利用专项规划

在土地利用规划的工作中，还有一部分属于专项规划的内容，即针对土

地开发、利用、整治和保护某一专门问题，需要特别加以重视，因而要进行专项规划。

就其本质而言，土地利用专项规划实际上是在土地利用总体规划的基础上，就某一问题进行更加深入的分析，根据其特殊情况制定相应的补充条款和应对方案，这是土地利用总体规划的有机组成部分。与土地利用总体规划相比，土地利用专项规划具有以下特性[1]。

（一）针对性

土地专项利用规划具有较强的针对性，是就某一问题，或者是某一类土地问题的特有情况，再进行专门的分析和研究，在总体规划的指导下，是该类土地利用过程中遇到的问题进行的调控和管理，这是提高总体规划可行性的必要努力，是提高土地利用效率的必要工作，也是完善土地总体规划的必要补充。

（二）局部性

土地利用总体规划的范围是规划区内的全部土地，衍生的土地利用问题受到地域性的明显影响，因此还需要对局部的特殊情况进行特殊的处理，这就是专项规划局部性特性。

土地利用专项规划是相对规划区内部分土地而言的。当然，土地利用之间是存在着相互联系的，在对局部土地利用进行规划时必须考虑到它与其他土地利用的相互影响。

（三）实用性

土地利用总体规划具有一定的宏观性，是对整体土地规划工作的指导方针，然而在具体的工作中，还需要考虑它的实用性，这就是专项规划中要着重体现的内容。即针对土地利用的某一方面的问题进行规划，规划的内容、措施都比较详尽，具有较强的实用性和可操作性。在条件具备时，这些土地利用专项规划应当纳入当地的土地利用总体规划，作为土地利用总体规划的一个有机组成部分。

总之，土地利用专项规划的针对性、局部性和实用性并非并列关系，而是依存关系，它们分别反映的是土地规划中的不同侧重点，并就这些问题给出了更加具体的解决方案。从另一个方面来看，这也反映了土地规划工作的

---

① 国土资源部土地估价师资格考试委员会. 土地管理基础 [M]. 北京：地质出版社，2000.

科学性和先进性。

三、土地利用详细规划

土地利用详细规划是在土地利用总体规划或土地利用专项规划的控制和指导下，直接对某一地段或某一土地使用单位的土地利用及其配套设施做出具体的安排，具有较强的针对性和灵活性，是土地利用总体规划和土地利用专项规划的深入和细化。最常见的如农场土地的利用规划、林场土地的利用规划、村庄用地的规划等。土地利用的详细规划又可以分为控制性土地利用详细规划和开发性土地利用详细规划两种。

（一）控制性土地利用详细规划

控制性土地利用详细规划是地方政府为了规范和控制土地使用者的微观土地利用行为而编制的规划，它详细规定了各类土地的使用范围、使用界线、使用强度、利用要求、限制条件等。

（二）开发性土地利用详细规划

开发性土地利用详细规划则是为了指导某一地块、地段或某一土地使用单位的土地如何开发利用而进行的具体规划。开发性土地利用的规划是根据具体土地在利用方面的详细规划，最终目的是使该地块的社会效益、经济效益得到最大的发挥。

四、新时期土地利用总体规划的变革

随着市场经济体制的不断成熟、经济全球化愈演愈烈和社会转型进程的加快，我国土地利用规划既要接受国家国民经济发展战略和国家长远规划安排的指导，又要根据世界贸易规则和市场分工，在注重比较利益的原则下，根据区域内的经济条件和自然条件，对区域内的土地资源和经济、科技、环境等进行系统、综合、统筹分析，从而制定各种措施、法令、政策，以实现区域内各类资源的最佳利用、土地利用结构的优化以及人民物质与精神文化生活的同步发展[①]。

新时期我国土地利用总体规划要适应国内外经济环境的变化，并适应社会转型的特点和趋势。为更好地适应环境，增加土地利用总体规划的科学性、

---

① 孟宪兰. 中国土地资源科学管理工作指导上［M］. 北京：人民日报出版社，2004.

合理性，通过合理规划获得良好的土地利用综合效益，在总体规划中要进行适当的变革，首先从思维与理念的变革开始，然后确定新的战略。下面具体分析新时期我国土地利用总体规划的思维变革和战略选择。

（一）思维变革

新时期土地利用总体规划的思维变革主要从以下五个方面予以落实。

1. "资源型"兼顾"市场型"

任何区域的土地利用总体规划都要置于竞争环境下去进行。经济战略从根本上而言就是市场竞争的战略。资源开发只是一种可能性，能否变为现实性，是由市场需求决定的。只有两者兼顾才能将比较理想的土地利用总体规划制订出来。

2. "功能型"兼顾"指标型"

战略要借助于指标，但指标只是手段，它必须服从功能。战略任务与目标从某种意义上而言是要实现某种功能，而指标不能使任务的本质得到全面反映。如果在土地利用规划中只进行指标型的规划，就会出现规划从上至下千篇一律，东西南北完全一样的问题。这样的规划表面看起来似乎具有很强的科学性，其实实施起来自由度很小，因此在编制土地利用总体规划时，要做到"功能型"与"指标型"兼顾。

3. "动态型"而非"静态型"

"静态型"规划的思维是，土地利用总体规划一经实施，就必须完全按计划执行，若有变化，规划就失败了。事实上，土地利用总体规划具有很强的综合性，受控因子比较多，规划期限较长，在实施过程中不可避免会出现一些变化，因此要根据实际情况进行动态修正，使其符合客观规律发展的要求和满足现实需要。所以说，土地利用总体规划是动态的而非静态的。

4. "开放型"而非"封闭型"

在市场经济条件下，仅仅立足于区域内资源的开发价值来确定区域战略目标、产业结构是不够的。在市场开放的条件下，制订土地利用总体规划必须有长远眼光，追求开拓性与开放性，打破壁垒，纵横比较，做出科学预测，确立开拓和开放的战略思想。

5. "未来型"而非"现状型"

我们进行土地利用总体规划不是为了适应过去的环境，而是在立足现状的基础上拥有更好的未来，使土地利用在良性循环中实现可持续发展。因此，在土地利用总体规划中处理"未来"与"现状"的关系时，要以现状作为规划的基础，并以未来为主导。

（二）战略选择

1. 树立正确的"规划观"

土地利用总体规划既是一个成果，更是一个过程，是动态的、滚动的系统。土地利用总体规划在不断变化的社会经济环境下是不可能一成不变的。这就要求在土地规划编制中在遵循总的指导原则的前提下，某些指标可以设定合理的弹性范围，并根据反馈信息和社会经济发展情况，定期补充或修改规划，以确保总体规划的动态指导性和现势性。规划的动态性与规划的稳定性并不冲突，动态是相对的，不能以动态性为借口随意变更规划，否则会出现"朝编夕改"的现象。我们要以理性的思维看待土地利用总体规划的动态稳定性。

土地利用总体规划就是把土地资源在各部门间合理分配、优化土地资源配置，合理利用土地，切实保护耕地，为经济的可持续发展服务。在规划编制中，要具体做到以下几点。

（1）充分认识到土地资源保护和经济发展并重，土地资源既要保护，又要为发展提供空间。

（2）通过制度创新和技术创新增强规划的前瞻性、科学性和可操作性。

（3）从实际出发，以合理确定建设用地规模为重点，科学分析，全面评价，准确预测，控制增量，盘活存量，调整结构，优化布局，促进土地资源集约利用和优化配置。

2. 处理好主要关系

（1）近期和长远的关系

土地利用总体规划编制的重点应放在基期年到规划目标年这段时间。长远展望只要有一个粗略的描述即可，不需要对未来很长时间的土地利用情况做非常具体的规划。着眼未来、展望未来是一种思想、一种态度和一个愿景，但不适合用现在的认识水平去具体设计未来发展方案。

（2）重点与总体的关系

在土地利用总体规划的编制中应将保护耕地作为重点，但也要避免整个规划方案都围绕保护耕地这一个重点去设计，否则总体规划就变味了。我们应该立足"总体"，全盘考虑，保证总体规划的层次性和权威性，为各部门间的协调提供便利。

3. 完善编制方法

进行土地利用总体规划的编制时，可更加需要采用先进的现代方法，如现代 3S（GIS，GPS、RS）技术方法，运用 3S 技术将土地利用现状及规划的全部空间数据资料进行计算机处理，提高土地利用总体规划的科学性，确保规划质量。此外，还可以采用 3S 技术建立县级土地利用总体规划信息系统数据库，为实行土地利用动态监测管理提供可靠依据。

4. 注重公众参与

在土地利用总体规划的设计中要注重公众参与，增加规划的透明度。公众参与体现了"以人为本"的思想。由于县乡级土地利用规划与群众关系非常密切，因此在县乡级土地利用规划的编制中要特别强调公众参与。

公众参与涉及所有受规划影响的个人、集体，是互相教育、互相协作的过程，能充分反映公众的价值观、知识和经验。在对规划方案进行重大修改时公众参与也是必要的。强调公众参与的目的是编制更好的规划方案和便于规划的实施。一般来说，积极参与公开规划过程的人一般会遵守规划方案，便于规划方案的顺利实施。

第三节　土地规划的相关管理研究

一、土地规划管理的意义

土地规划的最主要的部分在于土地规划编制和规划实施两个阶段，编制决定了规划的方法和准则，实施决定了规划的实际开展情况，只有两者相互呼应，才能使土地规划管理达到最理想的效果。编制强调的是理论部分，实施强调的实践部分，理论与实践相结合是完成一项工作的基本途径，因此，土地规划管理的目的，就是保证理论与实践相互协调、彼此呼应，最终顺利完成土地资源的科学利用，进而实现社会效益、经济效益和生态效益的全面成功。

（一）保障土地利用效果

土地规划管理的最根本的意义就是保障我国土地资源的有效利用，在土地规划编制的指导下，将各种土地资源进行科学分配，努力同时满足社会发展建设中各个行业的用地需要。要保证根据不同地域、不同特征的 土地的价值得到最大程度的发挥。同时，还要做到对土地资源的保护，不能盲目开采和过度使用。

（二）促进社会均衡发展

土地资源是社会生产建设的地基，因此，对土地资源的利用与否合理，将决定着上层建筑的发展情况。因此，只有将地基打牢，让土地资源得到合理的分配、科学的利用，才能保证社会生产的顺利发展，可见，土地规划管理是促进社会均衡发展的重要前提。

（三）利于生态环境的可持续发展

土地的利用与生态环境具有直接关系。土地是地球上最重要的自然资源之一，也是人类与自然交换能量的最主要的途径。令人遗憾的是，在人类社会的快速发展时期，总是伴随着对环境和生态的破坏。我国政府一直都非常重视对生态环境的保护，因此，在进行土地管理的过程中，一再强调合理利用土地与保护环境的关系，坚持督促和引导人们要科学用地、要有环保的意识，这是土地规划管理的另一个重要意义。

图 6-4 土地的可持续发展

二、土地规划管理的途径

（一）强化土地规划的编制与管理

土地规划编制是指导土地管理和利用的具体内容，是实施规划最重要的行政手段之一。因此在具体的工作中，应该不断强化土地规划的编制，从而监督土地政策的逐一落实，保证土地资源符合编制的计划和安排，这是各项用地按规划方案得以有效执行的基本前提。

（二）健全基本农田保护制度

我国政府一直强调粮食安全对国家的重要性，始终重视基本农田的保护，土地规划管理也是健全基本农田保护各项规章制度的重要途径，包括基本农田保护责任制度、基本农田保护区用途管制制度、占用基本农田严格审批与占补平衡制度基本农田质量保护制度和基本农田保护监督检查制度等。

（三）加强城市和村镇规划审核

近些年来，我国社会实现的飞跃式发展，在此过程中，城市面积快速扩大，全国大兴土木，兴建工厂，这些都直接影响了用地规划和用地布局，建设用地在不断扩张，那么耕地面积必然会受到挤压。因此，土地规划管理是直接对城市规划和村镇规划与土地规划的管理和协调，是保证耕地数量保持动态平衡的重要途径。

（四）建立健全土地规划审查制度

应及时检查土地开发整理指标是否得到切实执行，重点审核其规模和布局是否符合土地规划的要求，以保障耕地占补平衡并改善土地生态环境。土地利用计划管理是土地规划管理最主要的手段，它是土地利用总体规划的具体实施计划。它是国家通过编制计划和下达控制指标，宏观地指导和约束人们有计划地合理组织土地利用，把土地利用纳入国家计划管理轨道的一项宏观调控措施。

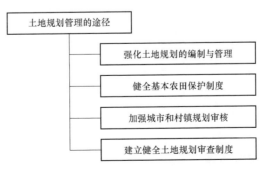

图 6-5　土地规划管理的途径

三、土地开发规划的审查管理

（一）数据资料的审查

对土地开发规划的审查工作首先要体现在对数据和资料的审查方面，土地开发工作过程会伴随着大量的数据资料，包括文字资料、数据资料、图件资料、分析资料等。这些资料是对土地开发过程的翔实记录，因此，对土地开发规划的审核，首先要从多数据和资料的审查开始。比如审查资料的真实性、合法性、严谨性和可操作性等。

（二）可行性审查

土地开发整理涉及社会、生态、经济等各方面的因素，土地开发整理规划必须建立在土地评价社会经济发展预测、经济合理性、技术可行性生态环境可持续性等的研究基础上。对于生态环境的可行性，尤其应重点审查下列内容：是否属违反规划毁林开荒、牧草地开荒；是否在 25° 以上的坡地上开垦耕地；是否围湖造田和侵占江河滩地，若是则一律不予通过。因此凡申请审查的土地开发整理项目必须经过严密的可行性论证。

（三）目标和任务审查

土地开发整理规划的另一审查重点，是对目标和任务的审查，在土地规划工作中，最直观、最简单的生产就是看规划的目标是否实现，规划的任务是否完成，这两项审查可以直接反映土地规划工作的完成度，以及完成的效果。具体地说，土地开发整理规划审查应对规划结果是否能达到规划目标要求，是否能完成规划任务等进行审查。

另外，对目标和任务的审查其实也是对规划可行性的论证，是对进一步开展集约利用土地、增加有效耕地数量、提高土地利用率等工作的重要条件。

（四）规模和布局审查

土地开发整理以土地利用总体规划为依据，在土地利用总体规划所确定的区域内有计划、有组织地进行。因此土地开发整理规模应不超过土地利用总体规划所确定的规模，布局应在土地利用总体规划所确定的开发整理区域内进行。

（五）布局和分配审查

土地开发整理规划的一个审查角度是对耕地、林地、园地、交通、居住等各类用地的合理分配进行审查，也就是对田、水、路、林等各类用地数量及布局的合理性和技术可靠性进行审查，特别是对建设用地是否侵占优质耕地等情况会严格管制。

（六）实施措施审查

主要审查规划的实施措施是否符合国家的法规和有关政策，是否符合当地实际，是否有可操作性等内容。

四、基本农田保护区的规划管理

国家对基本农田的保护始终放在土地利用管理的首要位置。为了保护耕地的数量和质量不受影响，应特别加强对基本农田保护区的规划管理。包括建立完善的农田保护制度，加强对相关工作的日常管理等，其基本要求和主要内容如下。

（一）规划管理的基本要求

（1）保证基本农田保护区的面积不得低于土地利用总体规划确定的指标。

（2）根据土地利用总体规划，铁路、公路等交通沿线，城市和村庄等周边地区应优先作为基本农田来使用。

（3）基本农田保护区调整划定工作应在县级人民政府统一组织领导下，由县级人民政府土地行政主管部门会同农业行政主管部门组织实施，以乡（镇）为单位开展。

（4）基本农田保护区调整划定后，要建立健全各项基本农田保护制度。

（二）规划管理的主要内容

1. 基本农田是否已经落到地块

严格根据土地利用总体规划图的要求划定农田的使用范围，绘制乡（镇）级基本农田保护图，将基本农田落实到地块，并将每一个地块都在规划图上标做好标记，做好基本农田保护登记表，并填写具体的位置和编号，定期检查，如果变化及时做好记录并上报上级主管单位。

2. 实地是否已核实

对照土地利用总体规划图、基本农田保护指标和基本农田保护图，实地核实基本农田保护区范围、面积以及土地利用现状，发现实际情况与土地利用总体规划图、基本农田保护图、基本农田保护指标不相符合的，做到及时

调整纠正。

3. 标志建立是否正确

需要在重要的地标位置设计明显的保护标志，包括交通沿线、城市和村庄、集镇周边地区等，保护标志应选择坚实的石质材质，经久耐用且易于保护，除了考虑耐用性、经济性和环保性之外，还应注重标志牌的美观，追求简洁大方的审美，这也是建设我国强国形象的一个细节体现。

4. 档案建立是否规范

县级人民政府土地行政主管部门和乡（镇）级人民政府建立基本农田保护区划定工作成果档案，内容包括有关图、表和文字报告。乡（镇）级基本农田保护图、县级基本农田保护图及面积汇总表上报地（市）级和省级人民政府土地行政主管部门备案，作为基本农田保护日常管理的依据。

5. 建章立制是否完整可行

对基本农田保护区的管理工作，还应落实在健全的基本农田保护规章制度的制定方面。只有建立完整完善的规章制度，才能让基本农田保护区的管理工作长期有章可循、有法可依。这些规章制度包括基本农田保护责任制度基本农田保护区用途管制制度、占有基本农田严格审批与占补平衡制度、基本农田质量保护制度和基本农田保护监督检查制度等。

第七章
土地信息管理研究

　　土地管理中需要处理大量的土地信息和土地数据。在土地资源调查的基础上获取大量真实可靠的土地信息与数据，并对这些信息进行专门化管理，能够为土地工作的开展提供便利。传统土地管理中信息获取水平较低，土地信息管理效率低下，为了改善这一状况，需要加强土地管理的信息化建设，采用先进技术系统综合分析与管理土地信息，提高土地信息管理的效率和技术水平。本章主要对土地信息管理展开研究，首先分析土地信息管理的内涵，然后对土地信息系统进行详细分析与研究，最后探讨我国土地管理的信息化建设。

第一节　土地信息管理的内涵

一、土地信息的内涵

（一）土地信息的概念

　　土地信息是用文字、数字、符号、图件等形式定性、定量、定位、定时、可视化的表示土地的各种空间属性、自然属性、经济属性和权能属性以及这些属性之间相互的联系的总和①。

（二）土地信息的类型

　　土地信息数量庞大，类型多样，参照不同的标准可划分为不同的类型，常见的三种分类方式见表 7-1。

---

① 王文举. 城市与土地资源管理实验教程［M］. 北京：清华大学出版社，2014.

表 7-1   土地类型的分类方式[①]

分类依据	主要类型	具体信息内容
土地特征	土地环境信息	地形、地貌 土壤 气候 植被 ……
	土地社会经济信息	人口状况 社会状况 经济状况 ……
	土地基础设施信息	公共设施 建筑物 交通运输 ……
土地管理内容	地籍信息	土地位置 土地权属 土地数量 土地质量 土地价格 土地用途 ……
	土地市场信息	市场交易主体 市场交易客体 市场供求情况
	土地利用信息	土地利用规划 土地用途管制 农用地利用和保护 建设用地管理 ……
信息获取途径	实地测量信息	—
	专题考察与调查信息	—
	摄影测量和遥感信息	—
	统计信息	—
	……	—

二、土地信息管理的基本内涵

土地信息管理是对与土地相关的所有信息分门别类加以管理的过程。土地信息管理要求对各种信息资源加以有效组织和运用，从而促进土地信息管

[①] 潘明才，高向军. 土地管理基础知识［M］. 北京：中国人事出版社，2003.

理目标的实现。

从学科的视角来分析，土地信息管理是土地科学体系的重要组成部分之一。土地信息管理在一定程度上为现代土地科学研究提供支持，土地科学的持久发展离不开土地信息系统的进步与完善。学科视角下的土地信息管理被视为一门新兴交叉学科，可以将其表述为关于描述、存储、分析和输出土地信息的理论和方法的学科。获取与分析、存储与处理以及输出和表达土地信息是土地信息管理这门交叉学科的重要内容。土地信息学与管理学、计算机科学、测绘科学及土地科学之间存在着密切的联系（如图 7-1）。

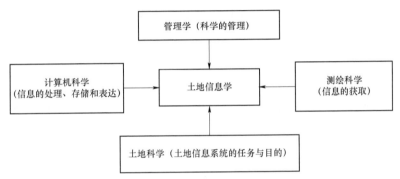

图 7-1　土地信息管理学与相关学科的关系[①]

第二节　土地信息系统

一、土地信息系统的概念

土地信息系统是以空间数据为基础，在计算机软硬件的支持下，对土地信息进行采集、管理、操作、分析、模拟和显示，并采用空间模型分析方法，适时提供多种空间和动态的土地信息并应用和传播土地信息，为决策服务而建立起来的计算机技术系统[②]。

在土地信息管理中，一些相关的经济决策、行政决策和法律决策都要依靠土地信息系统这一工具来落实，土地管理部门在土地规划与发展管理中也将土地信息系统作为一种辅助工具。土地信息系统涉及的空间参照体系是统

---

① 李江风. 土地管理教程［M］. 武汉：中国地质大学出版社，2017.

② 张丰，杜震洪，等. 土地科学与土地管理概论［M］. 杭州：浙江大学出版社，2011.

一的，这为系统内数据与系统外有关数据的连接提供了便利。

管理信息系统是信息系统的一个分支，而土地信息系统又包含于管理信息系统中。管理信息系统具有系统对管理对象的工作流程自动进行模拟的特征，相关法律法规制度在每个管理环节中都得到了深入贯彻，为管理者存储与判断、评估与统计以及检索与应用信息数据提供了帮助。管理信息系统是一个大系统，核心组成部分包括数据、计算机软硬件以及管理工作人员三个方面，系统管理任务的完成与管理目标的实现需要严格贯彻三位一体的原则，缺一不可。

土地信息系统是管理信息系统的分支，在该系统的设计与运作中要对土地管理的基本原理、规律等予以考虑，体现信息管理的现代化标准，并将管理信息系统运作中的一些成熟经验运用到土地信息系统中。与此同时，还要注重土地空间信息处理的一些特殊要求，在空间数据处理中有选择地采用地理信息系统软件，并根据需要开发应用相关软件，从而促进土地信息系统的完善。

二、土地信息系统的特点

土地信息系统是信息系统中的一类，更具体地说，它包含于信息系统的一个分支——资源信息系统中，如图 7-2 所示。土地信息系统是资源信息系统的分支，它具有资源信息系统的一般特征，和地理信息系统具有一些共性，具体表现在以下三个方面。

（1）土地信息系统有权限与能力对多种土地空间信息加以采集与分析、管理和输出。

（2）土地信息系统具有动态预测、综合分析多要素以及进行空间信息分析的能力，并能对不同层次的土地信息进行分类管理，但需要借助模型方法，通过分析与管理，能够为土地决策提供依据。

（3）土地信息系统中土地数据管理是在计算机系统的支持下进行的，而且系统中采用的土地分析方法，无论是常规的还是专门的，基本都是由计算机程序授拟。尤其是在空间数据信息的分析中采用计算机程序支持的方法能够获得更有价值的信息。土地信息系统空间定位（针对复杂的地理系统）、动态分析功能的发挥都离不开计算机系统的支持。

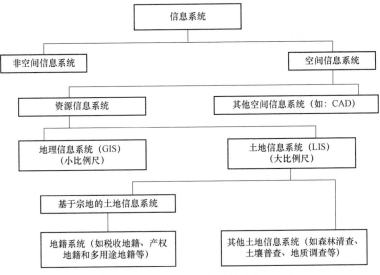

图 7-2 土地信息在信息系统中的位置①

土地信息系统除了具有与地理信息系统几个共同的特性外，因为其面向的目标是比较特殊的，所以它还具有自身的一些独特性，具体表现在以下几个方面。

（一）界面更加友好，系统更加智能化

作为管理信息系统分支之一的土地信息系统是实用型系统，土地管理部门的工作人员是该系统的主要使用者。地理信息系统是属于研究设计型的，主要由工程设计人员或研究人员使用。为了方便土地管理部门的管理，要求土地信息系统用户界面相对更加友好，智能化水平更高，否则会给推广与利用系统带来不便。

（二）模型复杂

土地既是自然资源，也是社会资产，所以在土地信息管理中既要管理土地的资源信息，又要管理土地的资产信息。在资产信息管理中，土地系统带有融土地金融学、经济学于一体的复杂模型，尤其是数据处理数字模型，该模型的设计与利用要以国家土地政策法律、土地市场管理法规、土地金融交易规律等为依据，并考虑一些不易定量的因素和经验性的条件，而且还要求突出一定的变异性，这些说明这种模型是比较复杂的。

---

① 李江风. 土地管理教程［M］. 武汉：中国地质大学出版社，2017.

（三）数据库管理系统呈分布式

土地信息系统中拥有庞大的数据量，存在各种各样的土地信息，不同土地信息之间又有紧密的联系，因而形成了复杂的土地信息数据结构。多个终端共同使用同一个土地信息系统是很普遍的，而且不同级别的管理部门也会使用相同的土地信息数据，因此适合采用分布式的数据库管理系统来管理海量的数据，为了支持数据库管理系统的高效运作，要求在系统设计中将广域网与局域网结合起来。

（四）数据保护与保密措施严格

土地管理与其他资源管理是有区别的，土地数据与信息的法律效力更为严格，管理者必须依据法律程序将数据输入系统，并对系统中的数据进行更改，系统设计者在设计过程中要注意对数据的保密与保护措施必须严格，严防他人篡改数据或破坏系统。

（五）对信息的现势性有严格要求

土地信息系统要求土地信息必须具有很强的现势性，这个要求比地理信息系统对信息现势性的要求更高。如果没有自然灾害，土地的自然属性是比较稳定的，变化很小，不易察觉，但土地的社会经济属性会随着社会经济条件的变化、土地政策的调整等发生明显的变化，从而影响土地信息的现势性。为解决这一问题，在土地信息系统设计中，有必要在系统与现代测量工具之间留有接口，这样便于进行地籍测量与调查的专业技术队伍开展工作，也便于在系统数据库中及时录入重要信息。

三、土地管理对信息系统的要求

（一）对系统结构方面的要求

1. 网络化

为满足网络化协同办公的需要，根据当前计算机信息系统和 GIS 系统的发展趋势，系统应采用比较成熟的 Client/Server 结构，构成由系统主服务器和各个处室工作站联接而成计算机局域网系统。对于一些空间距离分布较远的部门或者分局，考虑采用租用数字数据网（DDN）专线和公用电话网（PSTN）或者广电网等形式联网。要解决好系统数据的集中式和分布式管理问题，并尽可能利用 Internet/Intranet 技术进行开发，在条件成熟时，完全过渡到 Internet 模式，并实现与国际互联网的联接。

2. 图文一体化

窗口办文系统、办公自动化系统与图形处理系统的一体化。在土地业务办公过程中往往会同时涉及属性数据和空间数据，如地籍管理过程中既有宗地等空间信息，也涉及权利人等非空间信息，而这些信息很多时候需要同时进行处理，这就需要信息系统将 GIS 技术、办公自动化技术以及窗口办文系统无缝集成在一起.

3. 数据管理一体化

数据管理一体化要求将属性数据和空间数据一体化存储在关系数据库中，同时建立内外业一体化的数据采集和管理接口规范。

（二）对系统安全性能方面的要求

系统的性能主要表现为系统的响应速度，要保证系统用户在可以忍受的时间内获得系统的响应。这是系统使用一个很重要的方面。系统安全性表现在：

（1）防备非法访问和操作的能力。土地管理信息是重要的法律依据，具备保密性质，系统的访问和操作都必须根据相应权限进行，保证土地信息作为法定依据的权威性。

（2）系统对病毒防范能力强。

（3）系统处理数据的并发、一致性功能强。土地管理是协同性很高的活动，在办公过程往往需要从不同客户端同时对数据进行操作，保证多个客户端同时操作不致破坏数据库的完备性和逻辑性也是系统安全性的表现。

（4）系统具备备份和恢复功能。系统经常做好数据备份，可以防止万一数据被破坏的情况下能恢复数据。

四、土地信息系统的构架

土地信息系统由国家、省、市、县、乡（镇）5 个层次的系统构成（如图 7-3）。各级土地管理系统总体框架具有明显的平台性和层次性，由网络通信平台、基础软件平台、共享数据平台、核心应用平台和信息服务平台 5 个平台组成。将各级土地信息系统建设重点定位在平台上，可以避免资源浪费，实现数据共享。

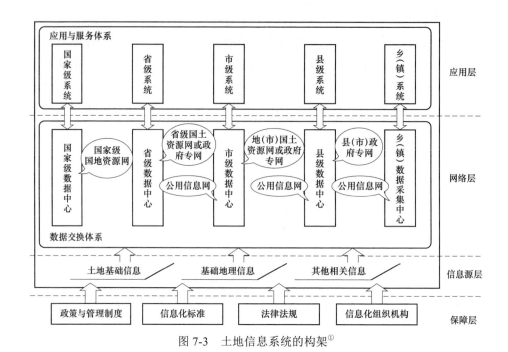

图 7-3　土地信息系统的构架[1]

　　将国家、省、市、县、乡（镇）纵向 5 级层次的系统，由内网、外网和政府专网等连接起来，可以实现信息的高度共享和高效利用。

　　国务院、省政府、市政府、县政府之间由政府专网连接，国土资源部、省国土资源厅、市国土资源局、县国土资源局内部构成内部局域网，它们可以通过政府专网进行纵向连接，也可以用国土资源部、省国土资源厅、市国土资源局、县土地资源局之间的国土资源信息网络（内网）进行纵向连接；国土资源部、省国土资源厅、市国土资源局、县国土资源局通过公用信息网（外网）向社会发布信息，在有条件的县实现县与各所属乡镇土管所之间的公用信息网络连接[2]。

五、土地信息系统的设计

（一）土地信息系统设计的原则

　　设计土地信息系统要遵循以下几项基本原则。

---

① 李江风. 土地管理教程［M］. 武汉：中国地质大学出版社，2017.

② 刘胜华，刘家彬. 土地管理概论［M］. 武汉：武汉大学出版社，2005.

第一，明确系统是为土地管理部门服务的，系统工作目标集中于操作简单、管理过程可视化上，讲求实用性，与不同服务对象的实际需要相符，能够在一定的范围内进行推广。

第二，土地信息系统的主线是土地管理，准则是土地相关法律法规和政策，在明确主线、服从准则的基础上来统计分析和综合管理土地利用现状信息、地籍信息、土地市场信息等各种土地信息。

第三，系统应能够全程跟踪与管理各项土地管理业务的开展过程，能够为日常管理工作的开展提供基本条件，在为土地管理服务的同时要能够将有效的信息服务提供给社会相关领域。

第四，按照土地信息系统规范存储系统数据，以便与其他相关系统实现数据传递与共享。系统要具有开放性，为外部设备留有接口，从而完善系统的功能应用。

第五，设计土地信息系统必须遵循安全性与可靠性的原则。

（二）土地信息系统设计的程序

对土地信息系统的设计与建设一般按以下几个步骤来进行。

1. 明确任务

要明确需要计算机完成的工作有哪些，系统要具备什么样的功能才能使计算机完成这些工作。具体而言，要明确需要将哪些数据输入系统并进行处理，需要输入的数据是什么样的类型，数据量规模大小如何，系统工作面要覆盖哪些范围，要求系统对存储的数据做怎样的处理，以什么格式输出数据，等等。

2. 技术分析

技术分析具体要明确以下两个方面的内容。

第一，了解现有技术条件与技术水平，成型的软件有哪些，各自有什么样的功能，是否具有可移植性等。

第二，了解本单位的技术条件是什么样的水平，是否有可靠的动态数据源，现有技术人员专业水平怎么样等。

3. 业务流程调查

土地信息系统设计中，对于一些指定的管理任务，要求系统设计者与技

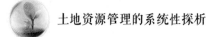

术人员配合对完成指定管理任务的工作流程进行调查，将所有工作环节都弄清楚，包括如何处理细节和应对特殊情况等。

4. 系统分析

系统设计人员与土地管理部门的工作人员共同对土地信息系统的功能模块划分与构建进行分析研究，对不同功能模块之间的关系予以明确，对数据流程加以研究确立，进而完成对总体设计方案的制订。

5. 选择硬件，实施工作计划

选择型号适当的硬件，以较为流行、较高档次的机型为主，选择档次越高的硬件，其适应性越强，越容易推广应用。硬件购置好之后，对工作计划予以实施，主要内容包括对系统程序的开发设计、对编码系统的设置、对程序的调试，完成这些工作后，逐渐形成系统。

6. 数据录入和系统总调

对土地信息系统进行设计或对初始规模进行研制的开始，就应当录入数据，基本完成系统开发或规模研制工作时，测试与调整数据。如果系统不亲自处理大量数据，没有处理数据的相关运作，我们不易发现系统设计存在的问题。设计土地信息系统很难一次就成功或完全没有问题，需要在数据处理等相关工作中不断发现问题，然后根据问题来进行系统总调。

7. 确立系统操作规程

完成系统总调之后，一般就能投入应用了，为便于以后顺利操作，有必要对系统操作规程进行制定，系统操作者要遵循规程来开展工作。具体需要确立以下操作规程。

（1）制定录入数据前的校准与核验制度。

（2）制定确保录入的数据准确无误的措施。

（3）明确维护系统安全性和保护系统数据的方法与措施。

在土地信息系统的整个研制过程中，系统设计是一项核心工作与任务。在系统设计中不仅要将逻辑模型所规定的任务完成，还要不断优化系统，也就是使用最佳设计方案来设计系统，保证土地信息系统有较高的运作效率、良好的控制性能以及较强的可变性。设计土地信息系统需要开展一系列的调查工作，还要做好充分的准备工作，在掌握了大量真实可靠的资料后，在对系统目标有所明确后，在系统论的指导下分析与综合土地信息，将土地信息系统的建立过程确定下来，如图7-4所示。

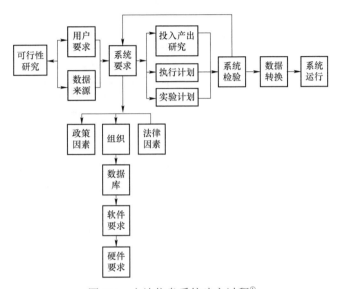

图 7-4　土地信息系统建立过程[①]

六、土地信息系统的功能应用

土地管理信息系统按功能可以划分为土地调查评价系统、土地政务管理系统及土地信息服务系统三类（图7-5）。

（一）土地调查评价系统

土地评价是在土地资源调查、土地类型划分完成以后，在对土地各构成因素及综合体特征认识的基础上，以土地合理利用为目标，根据特定的目的或针对一定的土地用途来对土地的属性进行质量鉴定和数量统计，从而阐明土地的适宜性程度、生产潜力、经济效益和对环境有利或不利的后果，确定土地价值的过程。

---

① 李江风. 土地管理教程［M］. 武汉：中国地质大学出版社，2017.

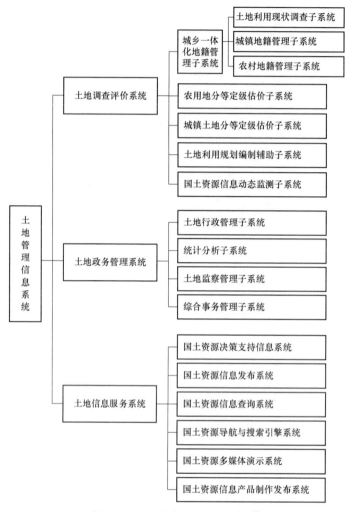

图 7-5　土地信息系统功能组成[①]

土地调查评价系统的属性如下。

（1）土地调查评价的目的：满足人类的某种需求，包括预测未来的土地利用，判定土地利用的效益。

① 李江风. 土地管理教程［M］. 武汉：中国地质大学出版社，2017.

（2）土地调查评价的实质：鉴定土地生产力高低或土地质量好坏。

（3）土地调查评价的核心：比较土地用途要求和土地性质。

（4）土地调查评价的结果：通过等级（如适宜性等级、潜力等级）、分值（如效益）来表示。

（二）土地政务管理系统

土地政务管理系统是以地政管理、统计分析、综合事务管理等信息子系统为核心，以数据中心为枢纽，以土地政务信息、土地基础信息、基础地理信息以及其他领域相关基础信息为数据源，以数据库为基础，以管理制度、信息化标准和信息化机构为保障的计算机信息系统。

从系统层次上看，土地政务管理系统由国家、省、市和县4个层次构成，通过政府专网或国土资源信息网实现各级系统间连接。每一级系统都在数据中心支撑下运行，数据中心为本级各类政务管理信息系统的运行提供数据支持和软硬件支持，通过对各类数据库和政务管理信息系统所生成的数据进行信息提取、挖掘，实现基础性、公益性国土资源信息的社会化服务；并通过国土资源信息网，实现信息的远程交换与共享。

为提高土地政府管理系统的运作效率和技术水平，应采用计算机技术和相关信息技术来建立土地管理电子政务系统，该系统以政策、法规和标准等为保障，以计算机网络及硬件平台为依托，在电子政务基础平台上构建国土资源政务管理信息系统，在数据中心和数据交换体系的支持下，电子政务管理信息系统通过国土资源行业内网网站和外网网站，形成对行政管理和社会的应用与服务，同时整个电子政务系统必须在切实安全的环境下运行（图7-6）。

（三）土地信息服务系统

土地信息服务系统是由以国土资源为主要对象的一系列相关信息系统组成的，包括国土资源的决策支持信息系统、信息发布系统、信息查询搜索引擎系统、多媒体演示系统以及相关产品制作发布系统等。开发与健全土地信息服务系统的功能与运作机制，能够为土地管理提供重要的信息服务，提高土地管理效率和技术水平。

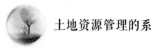

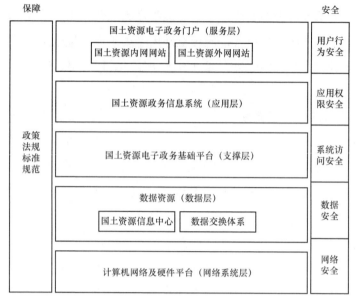

图 7-6　国土资源电子政务系统总体框架[①]

第三节　我国土地管理的信息化建设研究

一、土地管理信息化建设的意义

（一）促进土地管理信息共享

土地管理部门在开展土地管理工作的过程中，如果能够快速及时地掌握大量真实可靠的、有价值的信息，将会给管理工作带来极大的便利，因此土地管理信息共享很重要。如果信息获取不及时，不准确，信息流通不畅通，将会对土地的利用效益造成不良影响。所以要想方设法促进土地管理信息共享及共享效率的提高。

土地管理信息化建设是实现土地管理信息共享的一项有效措施，积极推动土地管理信息化建设，将网络系统的开放性、公开性、实时性、高效性等优势充分发挥出来，将信息建设基点定位于对有关信息有需要的部门，从而建设土地管理网络，推动土地信息化管理档案的编制，保证一些重要信息的

---

① 李江风. 土地管理教程［M］. 武汉：中国地质大学出版社，2017.

流通不受阻碍，信息的变更更加及时，信息的存储更加精准，信息的安全也能得到保障。这样可以保证土地管理部门的工作人员顺利开展日常土地管理工作。

（二）促进土地管理工作效率的提升

土地管理信息化建设还有助于促进土地管理工作效率的提升。现在，我国信息技术迅猛发展，信息技术水平不断提高，经济发展也呈现出信息化趋势，信息技术创造的价值巨大，信息化管理方式在各行各业都得到了一定的利用，促进了各行业管理水平的提升和管理效果的改善。将信息化管理方式运用到土地管理中也有助于提高土地管理效果和水平。在传统土地管理模式的改革中，推动信息化建设，利用信息化管理手段快速收集与共享各类土地管理信息，为土地管理部门开展工作和提高工作效率提供方便。

（三）促进土地管理技术水平的提高

土地管理信息化建设还有助于促进土地管理技术水平的提升。土地管理部门将先进的信息技术运用到土地管理工作中，如利用遥感技术、卫生技术等调查与勘探土地资源，促进信息技术与日常管理的融合，促进土地管理信息化网络的形成和土地信息化管理平台的建立，能够检验土地管理技术的成熟性和实效性，并在实践应用中积累丰富的经验，进一步提升土地信息化管理水平，解决传统土地信息管理中的一些问题，真正为土地管理部门提供便利的信息服务和技术支持。

二、推动我国土地管理信息建设的策略

要推动我国土地管理信息化建设进程的加快与信息化建设质量的提高，建议采取以下策略。

（一）加强土地管理信息化建设的总体规划

在土地管理信息化建设中要做好总体规划，尤其是信息化系统规划，这是一项非常重要的环节，对土地管理信息化建设的质量和信息化管理效率有直接的影响。因此，有关人员要规划好土地管理信息化系统，将土地资源的信息化管理目标明确下来，并规划好土地资源的开发利用，在每个环节都能做到分工明确，目标明确。

在总体规划中要将土地管理部门工作人员的积极性充分调动起来，并对

相关部门之间的协作关系进行协调，使部门集体的力量和综合的作用得到充分发挥，促进土地信息化管理效率的提升和预期管理目标的顺利实现。加强土地管理信息化建设的总体规划，还能提高对土地管理信息的利用效率，为土地管理信息化建设奠定基础和提供方向，进而促进信息化建设工作的有序开展。

（二）完善土地管理信息化建设的条件

1. 技术规范与标准条件

我国地大物博，土地资源丰富，但土地资源存在明确的地域性，不同地区土地资源的差异性显著，所以无法横向比较各地的土地管理成果，这对推广应用信息化管理方法造成了阻碍。对此，有必要将土地管理信息化建设的规范及标准予以统一和明确，对既宏观又可行合理的建设要求加以编设，使土地信息化管理的硬件条件和软件条件匹配、协调，同时保证不同级别的管理部门可以共享信息，完善规范、标准、开放的土地信息化管理体系，并便于其他部门及领域从土地管理体系中合法合理地获取信息。

2. 资金条件

在我国土地管理信息化建设中，要优化配置各项软件和硬件资源，完善信息系统，并定期维护系统，保证系统运行的效率，同时还要不断引进先进的信息化管理手段来提升管理水平，这些都需要资金的支持。所以，政府需加大专门的资金投入力度，划拨专项经费，保证土地管理信息化建设工作能够按计划进行。提供良好的资金条件能够为土地管理信息化建设中信息通畅、上下联动、纵深到底、横向触边提供基础保障，进而促进土地管理信息化建设质量的提升。

3. 人才条件

土地管理信息化建设需要一批专业人才的参与，这支专业队伍既要懂信息技术，又要懂土地管理，而且还要具有创新精神与能力。所以，有关部门要积极培育这方面的人才，建设一支专业的土地管理信息化建设团队，并不断引进专业人才，提升团队专业素质，充分发挥专业人才的作用，提高土地管理信息化建设的专业水准和建设质量。

（三）加强信息化建设的安全管理

随着互联网技术和现代信息技术的不断发展及其在社会各领域的深入渗透，它们给人们的生活和设计经济发展带来了极大的便利和可观的价值。但与此同时一些信息安全隐患也是客观存在的，因此要重视安全管理和风险防护。土地管理信息化建设同样会遇到一些安全问题，如数据信息被盗和泄露、黑客攻击数据库系统等，这些问题客观存在，如果风险防护不到位，就会造成严重的损失，所以在土地管理信息化建设中必须强调安全管理的重要性，加强对数据信息的保护。

我国国土资源管理中，一些重要信息直接关系着国家与社会安全，如果这些信息的安全得不到保障，将会使国家经济蒙受损失，也会影响社会稳定，后果不堪设想。因此，在国土资源管理的信息化建设中要高度重视安全管理，积极建设安全防御系统和信息化监督管理机制。

1. 建设安全防御系统

建设土地管理信息安全防御系统，将先进成熟的防御系统技术引进土地管理中，并根据需要对相应的防御系统加以开发，从而保护数据信息的安全，保障土地管理数据库系统的安全。

2. 建设信息化监管机制

将经济有效的监管技术融入土地管理信息化建设中，实时监控土地资源数据信息，以便管理人员及时发现安全隐患，并迅速采取措施消除隐患，防止数据丢失，保障土地信息化管理的安全性。

三、我国土地管理信息化建设的实证分析

国土资源遥感监测"一张图"工程（简称"一张图"工程）建设，是把土地利用现状、基本农田、遥感监测、基础地理以及矿产资源等多源信息进行有机整合，与国土资源的计划、审批、供应、补充、开发、执法等行政监管系统逻辑叠加，实现资源开发利用"天上看、网上管、地上查"的动态监管目标。

（一）"一张图"工程建设目标

建设"一张图"工程有以下四项目标。

第一，通过"一张图"工程建设，形成国土资源核心数据库，全面、快速和准确地掌握全国土地、矿产等各类资源的数量、质量、结构和空间布局，准确记录资源开发利用生命周期中各个阶段的信息，并监测地质灾害发生情况。

第二，加强资源的空间统筹，实现向"以图管地，以图管矿和以图防灾"

的转变。以信息化带动管理精细化，力争实现国土资源主要业务要素的落地化管理，促进国土资源管理方式向依靠科技进步和广泛深入应用信息技术方向转变，全面提高国土资源管理行政效能。

第三，将国土资源核心数据库建设成为国土资源主要政务信息系统、资源监管平台的数据支撑环境，为国土资源各项审批业务、资源监管、宏观决策及各项应用和数据交换提供统一的数据和技术保障。

第四，将国土资源核心数据库建设成为支撑国土资源信息共享和社会化服务的数据支撑环境，为实现国土资源数据最大限度地社会化服务提供数据和技术保障。

（二）"一张图"工程建设内容

1. 核心数据库建设

在基础设施支撑下，按"一张图"建设的有关技术标准规范对不同类别、不同专业的海量、多源、异构数据进行梳理、整理、重组、合并等，利用提取、转换和加载工具以及必要的手段，将处理、加工好的数据按照统一的建库标准进行入库，数据按分层分类管理，形成国土资源核心数据库。这一工作过程将是开放的、长期的、持续的和不断更新的。一旦数据源数据更新或有新的数据源产生，核心数据库将按照预置程序进行更新。

2. 开发核心数据库管理系统

按照"一张图"管理维护和应用服务的要求，开发核心数据库管理系统，实现对全国土地、矿产及地质数据的集中管理与维护。数据库管理系统具备数据检查、入库、编辑与处理、更新、交换（输入输出）、元数据管理以及数据备份、系统监控、数据迁移、日志管理等较为完备的功能。利用遥感、GIS、可视化和虚拟现实等技术，实现数据查询、统计分析、信息展示。以图形、表格、GIS 和虚拟化相结合的方式，直观、准确、动态地展示全国国土资源"一张图"各个方面的信息，为行业管理、综合监管和辅助决策提供数据支持。

3. 开展应用服务

在国土资源核心数据库及其管理系统的基础上，开发应用服务接口，将地理信息服务（图形浏览、定位查询、空间分析等）、属性数据查询与浏览、统计与分析、专题图制作等功能封装，开发对"一张图"调用和操作的应用接口，为以电子政务平台为基础的用地预审、建设用地、采矿权、探矿权等多项行政许可事项审批业务系统、国土资源综合监管平台、共享服务平台和其他应用系统提供数据支撑、应用与服务。进一步挖掘需求，扩展"一张图"应用服务领域，尤其是对国土规划、基础设施建设、农林水等相关行业规划提供数据服务的方式和途径，进而将资源相关行业数据纳入"一张图"及核心数据库系统中，更好地为相关部门服务。

4. 建立并完善核心数据库运行环境

"一张图"及核心数据库主要在国土资源部数据中心管理、维护，考虑到包含涉密数据，主要部署在国土资源部涉密内网。对于非涉密公共服务信息（核心数据库的数据子集）可迁移到外网运行。鉴于数据量巨大，数据访问频度高，目前国土资源部数据中心软硬件环境还不能完全满足"一张图"管理、维护和运行的要求。需要在充分利用现有基础上，对数据中心的存储系统和主机系统进行必要的扩容，更新相关网络设备和展示环境，采取有效的安全管理和技术措施，不断完善管理制度。随着数据量的增多而逐步扩容，满足日益增长数据的管理、运维、应用、服务和安全的需要。

5. 逐步建立和完善"一张图"及核心数据库数据汇交和更新的机制

信息资源共享是国土资源信息化建设的关键问题，它涉及管理体制、机制与技术等方面的一系列问题。逐步建立和完善数据汇交、数据更新的机制对全国"一张图"建设则是必要的前提。为此，需要制定《国土资源部数据管理办法》，在此框架内，建立有关"一张图"涉及数据汇交与更新的协调、操作、运行的管理机制；规范各部门、各单位数据汇交与更新规定，以及约束其共享行为的行政规章制度；保证数据汇交与更新的相关标准规范等。对于支撑辅助决策、资源监测监管和社会化信息服务的各类数据必须集中汇交，并按照"谁生产谁负责"的原则，及时进行数据更新，保持数据的现势性。

6. 编制相关的技术标准规范

开展全国国土资源"一张图"及核心数据库建设，在技术上需要制定数据库建设、管理和应用等的一系列技术标准和规范，确保建设过程中按照统一的空间数据数学基础，统一的数据分类代码、数据格式、命名规则和统计口径等。标准和规范的内容主要包括数据整理、质量检查、数据转换、成果入库、数据管理、动态更新及对外服务等。

参 考 文 献

[1] 杨东朗. 土地资源管理 [M]. 西安：西安交通大学出版社，2020.

[2] 鲁斌. 土地资源管理与行政审批实践参考 [M]. 昆明：云南美术出版社，2019.

[3] 邹亚锋，邹亚琼. 土地资源管理案例 [M]. 北京：中国经济出版社，2016.

[4] 陈珏. 土地资源管理案例解析 [M]. 哈尔滨：黑龙江人民出版社，2017.

[5] 王占岐，姚小薇. 土地资源管理专业高水平人才培养模式创新与实践 [M]. 武汉：中国地质大学出版社，2021.

[6] 潘明才，高向军. 土地管理基础知识 [M]. 北京：中国人事出版社，2003.

[7] 李江风. 土地管理教程 [M]. 武汉：中国地质大学出版社，2017.

[8] 刘胜华，刘家彬. 土地管理概论 [M]. 武汉：武汉大学出版社，2005.

[9] 张丰，杜震洪，张昭仁，等. 土地科学与土地管理概论 [M]. 杭州：浙江大学出版社，2011.

[10] 濮励杰，彭补拙. 土地资源管理 [M]. 南京：南京大学出版社，2002.

[11] 朱道林. 土地管理学 [M]. 北京：中国农业大学出版社，2007.

[12] 朱道林. 土地资源利用与政府调控 [M]. 北京：中国农业大学出版社，2011.

[13] 方芳. 土地资源管理 [M]. 上海：上海财经大学出版社，2006.

[14] 孙敖. 土地资源管理实训教程 [M]. 成都：西南财经大学出版社，2016.

[15] 卢新海，黄善林. 土地管理概论 [M]. 上海：复旦大学出版社，2014.

[16] 雷原. 土地资源管理实务全书 下 [M]. 北京：中国大地出版社，2007.

[17] 沈彭. 土地管理工作实务 [M]. 北京：中国大地出版社，2003.

[18] 王文举. 城市与土地资源管理实验教程 [M]. 北京：清华大学出版社，2014.

[19] 毕宝德. 土地经济学 [M]. 5版. 北京：中国人民大学出版社，2006.

［20］张跃庆，王德起，丁芸，等．房地产经济学［M］．2 版．北京：中国建材工业出版社，2009．

［21］黄贤金，张安录．土地经济学［M］．北京：中国农业大学出版社，2008．

［22］欧名豪．土地利用管理［M］．北京：中国农业出版社，2010．

［23］周京奎．城市土地经济学［M］．北京：北京大学出版社，2007．

［24］何芳．城市土地经济与利用［M］．上海：同济大学出版社，2004．

［25］丛屹．中国城市土地使用制度的改革与创新［M］．北京：清华大学出版社，2007．

［26］国土资源部土地估价师资格考试委员会．土地管理基础［M］．北京：地质出版社，2000．

［27］刘艳中，陈勇．土地利用总体规划［M］．武汉：中国地质大学出版社，2014．

［28］欧海若．土地利用规划模式选择与模型应用研究［M］．北京：中国大地出版社，2000．

［29］欧名豪．土地利用管理［M］．2 版．北京：中国农业出版社，2011．

［30］彭补拙，周生路等．土地利用规划学［M］．南京：东南大学出版社，2003．

［31］王万茂．土地利用规划学［M］．北京：中国大地出版社，2007．

［32］严金明．中国土地利用规划：理论方法战略［M］．北京：经济管理出版社，2001．

［33］赵宇．土地资源管理模式研究［M］．芜湖：安徽师范大学出版社，2018．06．

［34］毕宝德．土地经济学［M］．8 版．北京：中国人民大学出版社，2020．08．

［35］梁学庆，穆会欣．土地资源管理研究［M］．哈尔滨：黑龙江人民出版社，2000．

［36］全国国土资源标准化技术委员会秘书处，中国标准出版社．土地资源管理标准汇编：国家标准［M］．北京：中国标准出版社，2015．

［37］郭建平．农村土地资源管理［M］．北京：中国社会出版社，2006．

［38］赵烨，杨燕敏，王黎明．面向环境友好的土地资源管理模式［M］．北京：中国环境科学出版社，2006．

［39］雷原．土地资源管理实务全书（上）［M］．北京：中国大地出版社，2007．

［40］雷原. 土地资源管理实务全书 中［M］. 北京：中国大地出版社，2007.

［41］郭斯嘉，李岩. 土地管理信息化建设研究［J］. 住宅与房地产，2020（33）：160＋167.

［42］葛秀历，李丽. 土地管理信息化建设分析［J］. 信息记录材料，2019，20（06）：97-98.

［43］阎海娜. 新时期土地管理信息化建设研究［J］. 智能城市，2018，4（04）：26-27.

［44］栾乔林，韦仕川，王湃，等. 国际旅游岛背景下海南省土地资源可持续利用［J］. 科技信息，2013，436（08）：50-51.